Moanes Tibi

Aprendizagem em linha de ciências informáticas

Moanes Tibi

Aprendizagem em linha de ciências informáticas

O impacto dos fóruns de discussão estruturados

ScienciaScripts

Imprint

Cover image: www.ingimage.com

This book is a translation from the original published under ISBN 978-3-639-71731-0.

Publisher:
Sciencia Scripts
is a trademark of
Dodo Books Indian Ocean Ltd. and OmniScriptum S.R.L publishing group

120 High Road, East Finchley, London, N2 9ED, United Kingdom
Str. Armeneasca 28/1, office 1, Chisinau MD-2012, Republic of Moldova, Europe
Managing Directors: Ieva Konstantinova, Victoria Ursu
info@omniscriptum.com

Printed at: see last page
ISBN: 978-620-8-51701-4

Índice

Explicação dos termos

O termo "ambiente de aprendizagem em linha" (também referido como "ambiente virtual de aprendizagem", "ambientes educativos baseados na Web") é utilizado para descrever um software de servidor, dedicado à conceção, gestão e administração da aprendizagem mediada por computador, incluindo a entrega de materiais do curso, o apoio às comunicações do curso, a gestão dos alunos, o acompanhamento e a avaliação (Sudweeks, 2003, p.173).

O MofetNet é uma plataforma de ensino à distância para instituições que pretendam criar e promover actividades online entre professores e alunos, tutores e alunos, gestores e colaboradores. O sistema é acompanhado por um sistema de orientação e apoio. (http://mofetnet.macam.ac.il/)

O Moodle é um Sistema de Gestão de Cursos (CMS), também conhecido como Sistema de Gestão de Aprendizagem (LMS) ou Ambiente Virtual de Aprendizagem (VLE). É uma aplicação Web gratuita que os educadores podem utilizar para criar sítios de aprendizagem em linha eficazes. (http://moodle.org/?lang=en)

Acrónimos

CMC	Computer Mediated Communication
ICS	Information and Computing Sciences
OOP	Object-Oriented-Programming
WWW	Would Wide Web
PBL	Problem-Based Learning

Resumo

A aprendizagem em linha está a tornar-se cada vez mais comum nas universidades e nos institutos superiores. Várias tecnologias de comunicação modernas podem ser utilizadas em cursos em linha com o objetivo de aumentar as interações de colaboração entre os participantes, mas o fórum de discussão assíncrono é atualmente a ferramenta mais preferida. Os fóruns de discussão têm sido analisados quanto à sua utilidade para promover a aprendizagem em linha entre os estudantes. Estudos recentes demonstraram que os fóruns de discussão estruturados são mais eficazes para melhorar as capacidades de pensamento crítico dos alunos do que os fóruns de discussão não estruturados. No entanto, pouca atenção tem sido dada à forma de estruturar os fóruns de discussão, de modo a tornar a sua utilização pelos alunos mais eficaz para a aquisição de diferentes tipos de conhecimentos e para a melhoria das suas competências de colaboração.

O objetivo deste estudo foi avaliar o impacto de fóruns de discussão estruturados na aprendizagem dos alunos em cursos de informática inteiramente realizados online. Mais especificamente, o estudo propôs uma estrutura para fóruns de discussão e investigou o seu impacto na aquisição de três tipos de conhecimento: saber o *quê*, saber fazer e saber porquê. O "saber *o* quê" refere-se ao conhecimento sobre factos, *o* "saber como" refere-se à capacidade de fazer algo e *o* "saber porquê" refere-se ao conhecimento sobre a natureza causal, na mente humana e na sociedade. A segunda questão de investigação examinou o impacto dos fóruns de discussão estruturados na melhoria das competências de colaboração dos alunos. Além disso, o estudo investigou se existe uma relação entre a participação ativa dos alunos e o nível de conhecimentos que adquiriram no fórum de discussão.

O estudo utilizou uma experiência de campo com pré-testes e pós-testes e um modelo de inquérito para responder às questões de investigação. Cento e vinte e três estudantes de duas faculdades de educação académica participaram em sete cursos online de informática. No início de cada curso em linha ministrado, os alunos foram divididos aleatoriamente em dois grupos: o grupo experimental, que participou no fórum de discussão estruturado, e o grupo de controlo, que participou no fórum de discussão não estruturado.

O modelo de pré e pós-teste foi utilizado com o objetivo de avaliar o nível de conhecimentos dos alunos nos três tipos de conhecimentos antes e depois da participação no curso em linha. Os dados do pós-teste foram utilizados para medir e comparar as diferenças na aquisição de conhecimentos entre os participantes do fórum de discussão estruturado e do fórum de discussão não estruturado. Para a segunda questão de investigação, foi utilizado um modelo de inquérito sob a forma de questionário para determinar as diferenças na melhoria das competências de colaboração dos alunos de ambos os grupos de investigação. O questionário foi distribuído aos alunos numa reunião presencial após o fim do curso em linha. Para a terceira questão de investigação, foram realizadas análises estatísticas dos dados recolhidos no ambiente de aprendizagem em linha sobre a atividade de cada aluno no fórum de discussão, a fim de explorar a relação entre a participação ativa dos alunos e o nível de conhecimentos que adquiriram no curso em linha.

As principais conclusões do presente estudo mostraram que: (1) os alunos do fórum de discussão estruturado adquiriram mais conhecimentos dos tipos "*como*" e ""*porquê*"" em comparação com os alunos que participaram no fórum de discussão não estruturado, (2) as diferenças obtidas na aquisição de conhecimentos também dependeram do conhecimento prévio do aluno sobre a matéria, e (3) os alunos do fórum de discussão estruturado melhoraram significativamente as suas competências de colaboração em comparação com os alunos do fórum de discussão não estruturado.

Os resultados do estudo podem contribuir para o domínio da aprendizagem assíncrona em linha, fornecendo uma estrutura para fóruns de discussão que tem o potencial de aumentar a aquisição de conhecimentos de diferentes tipos e de melhorar as competências de colaboração dos alunos.

Capítulo 1

1. Introdução

1.1. Antecedentes do estudo

O rápido crescimento da Internet e o desenvolvimento contínuo de ferramentas interactivas baseadas na Web levaram à integração da Internet em todas as áreas da nossa vida, incluindo a oferta de aprendizagem em linha a vários clientes. A aprendizagem em linha já é uma realidade para a maioria das universidades e colégios em muitas partes do mundo. As universidades e os estabelecimentos de ensino superior oferecem cada vez mais cursos em linha, para além dos métodos tradicionais de ensino presencial. Nos cursos em linha, os estudantes e os professores envolvem-se num modo de aprendizagem diferente do habitual nos cursos tradicionais (Ascough, 2002; Schneiderheinze, 2005). Os alunos dos cursos em linha estão separados dos professores e dos outros alunos pelo espaço, pelo tempo ou por ambos. Por conseguinte, é essencial fornecer formas cuidadosamente concebidas e testadas para que a interação e a colaboração tenham lugar, onde os conhecimentos, ideias e perspectivas possam ser livremente trocados entre professores e alunos e entre os próprios alunos, a fim de promover vários níveis e tipos de aprendizagem. Tanto nos cursos em linha como nos tradicionais, os alunos interagem com os seus professores e outros alunos para facilitar a aprendizagem. Os educadores sublinharam a importância da interação entre os participantes nos cursos em linha, referindo que é o diálogo que promove a aprendizagem (Anderson, 2003; Cunningham, 1992; Harasim, 2000; McAlpine, 2000; Muirhead & Juwah, 2004; Palloff & Pratt, 1999; Trentin, 2000; Swan, 2002).

Durante a última década, foram envidados inúmeros esforços para integrar as tecnologias da Internet nos processos de ensino e aprendizagem no ensino superior (Kim & Bonk, 2006). Várias ferramentas diferentes de comunicação mediada por computador (CMC) foram implementadas em cursos em linha com o objetivo de melhorar a interação e a colaboração. Estas ferramentas dividem-se em dois tipos: síncronas e assíncronas.

Enquanto a comunicação síncrona tem lugar em tempo real, a comunicação assíncrona é mais flexível porque pode ter lugar em qualquer altura, dando assim aos alunos mais tempo para refletir. A investigação demonstrou que a comunicação síncrona é mais útil para estabelecer interações sociais no seio do grupo e que a comunicação assíncrona é mais útil para discussões construtivas e orientadas para a tarefa (Branon & Essex; 2001; Im & Lee, 2003).

A ferramenta assíncrona mais utilizada para aumentar a interação e a colaboração entre os participantes num curso em linha é o fórum de discussão, utilizado para estabelecer debates centrados no conteúdo de um curso em linha (Dringus & Ellis, 2004). Também permitem a construção de conhecimento colaborativo, uma vez que os alunos podem trabalhar em conjunto, trocar informações e ideias e comentar o trabalho uns dos outros (Markel, 2001; Preece, 2000). Os investigadores referiram que, embora as discussões em linha possam facilitar a aprendizagem profunda, esta não acontece espontaneamente; por conseguinte, é necessária uma mediação e um apoio cuidadosos e contínuos por parte do professor (Al-Shalchi, 2009; Anderson, 2008; Lail & Lumb, 2010; Lee-Baldwin, 2005; Wozniak & Silveira, 2004; Wu & Hiltz, 2004). Foi também argumentado que, sem uma estrutura e gestão adequadas do fórum de discussão, os alunos podem não atingir os objectivos de aprendizagem esperados (Ali & Salter, 2004; Biesenbach-Lucas, 2004; Wozniak & Silveira, 2004).

Os fóruns de discussão podem ser não estruturados ou estruturados. Um fórum de discussão não estruturado é utilizado principalmente para fazer perguntas e obter respostas e feedback dos participantes, em vez de publicar tópicos de discussão planeados (Yang, Newby & Bill, 2008). Por vezes, é utilizado pelos estudantes para a formação de laços sociais. Em contrapartida, um fórum de discussão estruturado proporciona actividades de discussão bem concebidas e planeadas com tópicos e objectivos específicos (Yang et al., 2008) e tem regras claras de interação e colaboração (Biesenbach-Lucas, 2004; Brooks & Jeong, 2006).

Estudos recentes demonstraram que os fóruns de discussão estruturados são mais eficazes para melhorar as competências de pensamento crítico do que os fóruns de discussão não estruturados (Aviv, Erlich, Ravid & Geva, 2003; Gilbert & Dabbagh, 2005; Yang et al., 2008). Os investigadores têm argumentado que um dos principais desafios que o professor enfrenta nos cursos em linha é a forma de estruturar as discussões assíncronas de modo a envolver os alunos num discurso significativo (Gilbert & Dabbagh, 2005; Wallace, 2003; Wozniak & Silveira, 2004). No entanto, não é claro como é que os fóruns de discussão podem ser organizados e geridos de modo a tornar a sua utilização entre os participantes mais eficaz para a aquisição de diferentes tipos de conhecimentos e para a melhoria das competências de colaboração.

Uma vez que o principal objetivo da utilização de fóruns de discussão em cursos em linha é a aquisição de conhecimentos, o objetivo do presente estudo foi propor uma estrutura para fóruns de discussão e investigar o seu impacto na aquisição de conhecimentos de diferentes tipos por parte dos alunos e na melhoria das suas competências de colaboração. O contexto deste estudo foi constituído por cursos de informática realizados em linha. Além disso, o estudo pretendia descobrir se existe uma relação entre a participação ativa dos alunos e o nível de conhecimento que adquiriram no fórum de discussão.

1.2 Declaração do problema

O presente estudo partiu do princípio de que um fórum de discussão bem organizado e gerido aumentará não só a aquisição de diferentes tipos de conhecimento (aprender *o quê, como* e *porquê* do assunto), mas também as competências de colaboração que são importantes para os estudantes de informática. Além disso, uma vez que um fórum de discussão bem organizado pode encorajar os alunos a serem participantes activos, pode também aumentar a qualidade e a produtividade da sua aprendizagem. Saber quais as caraterísticas que podem tornar os fóruns de discussão estruturados mais eficazes para a aquisição de diferentes tipos de conhecimentos e competências, bem como saber como organizar a interação e a colaboração online entre os alunos, será fundamental para implementar com sucesso fóruns de discussão em cursos online.

O presente estudo abordou o problema de como organizar e gerir fóruns de discussão estruturados para facilitar as interações colaborativas em linha entre estudantes em cursos de informática em linha, a fim de melhorar a aquisição dos três tipos diferentes de conhecimentos e de melhorar o desenvolvimento de competências de colaboração que são relevantes no ensino da informática.

1.3 Importância do estudo

O significado do presente estudo foi realçar o papel importante dos fóruns de discussão estruturados na melhoria da aprendizagem das ciências da computação nos cursos em linha. Mostrar o impacto dos fóruns de discussão estruturados na aquisição de diferentes tipos de conhecimentos pelos alunos e na melhoria das suas competências de colaboração pode demonstrar a importância de estruturar os fóruns de discussão nos cursos em linha. Como resultado, isto pode aumentar a eficácia das interações de colaboração em linha entre os participantes e, assim, melhorar a qualidade do ensino e da aprendizagem em linha.

Capítulo 2

2. Revisão da literatura

Este capítulo apresenta os quadros teóricos para abordar questões relacionadas com as teorias da aprendizagem, a aprendizagem colaborativa, as estratégias de ensino e o ensino da informática. A segunda parte deste capítulo analisa a investigação existente e as várias metodologias aplicadas no domínio dos fóruns de discussão assíncronos em linha e o impacto que se considera que têm na aprendizagem.

2.1 Contexto teórico

O objetivo desta secção é fornecer uma visão geral das teorias relevantes e realçar alguns conceitos importantes para o presente estudo. A base teórica abordará os seguintes domínios:

- Teoria da aprendizagem construtivista,
- Aprendizagem em colaboração,
- Estratégias de ensino,
- Relevância para o ensino da informática.

2.1.1 Teoria de aprendizagem do construtivismo

A aprendizagem é uma atividade complexa que pode ser analisada tanto como um produto, o domínio de informação específica, como como o processo através do qual a aprendizagem tem lugar (Sims & Sims, 1995; Smith, 1999). A aprendizagem enquanto processo deu origem a teorias que tentam descrever a forma como a aprendizagem pode ocorrer. A teoria mais relevante para o presente estudo é o construtivismo.

O construtivismo é uma teoria de aprendizagem dominante que vê a aprendizagem como um processo ativo em que o aprendente constrói ou desenvolve novas ideias ou conceitos com base em conhecimentos actuais e passados (Connolly & Begg, 2006; Fosnot, 1996; Huang, 2002; Merriam & Caffarella, 1999). Um pressuposto fundamental do construtivismo é que as pessoas criam conhecimento a partir da interação entre os seus conhecimentos ou crenças existentes e as novas ideias ou situações com que se deparam (Airasian & Walsh, 1997). Neste sentido, a maioria dos construtivistas defende a necessidade de promover interações entre os conhecimentos existentes dos alunos e as novas experiências. Esta ênfase é considerada diferente do modelo mais tradicional de "transmissão", no qual os professores tentam transmitir conhecimentos diretamente aos alunos (Airasian & Walsh, 1997; Vrasidas, 2000).

O construtivismo reconhece o papel ativo do aprendente na criação pessoal de conhecimento, a importância da experiência (individual e social) neste processo de criação de conhecimento e a perceção de que o conhecimento criado variará no seu grau de validade como representação exacta da realidade (Doolittle & Camp, 1999; Gergen, 1995; von Glasersfeld, 1998). De acordo com Gulati (2004), os pontos-chave que o discurso construtivista sugere são a importância do controlo do aluno, a aprendizagem em contextos da vida real, a flexibilidade na aprendizagem e a abertura na discussão de questões. Estes argumentos sobre a natureza da aprendizagem humana orientam as teorias de aprendizagem construtivistas e influenciaram os actuais métodos de ensino na educação (Fosnot, 1996; Larochelle, Bednarz & Garrison, 1998).

Duas grandes teorias da psicologia conduziram à aplicação do construtivismo à educação moderna. A primeira, o "construtivismo cognitivo", está associada a Jean Piaget (Martin & Sugarman, 1999; von Glasersfeld, 1998). O segundo, o "construtivismo social", está associado a Jerome Bruner e Lev Vygotsky (Fosnot, 1996; Martin & Sugarman, 1999; Steffe & Gale, 1995; Vrasidas, 2000).

Na teoria do desenvolvimento cognitivo de Piaget, a chave para o crescimento e a maturação da pessoa passa por um processo de aprendizagem duplo. Através do processo de acomodação, as estruturas cognitivas existentes mudam para dar sentido às novas experiências que ocorrem no ambiente (Leonard, 2002). Assim, a acomodação pode ser vista como o processo de reformulação da representação mental do mundo externo para se adaptar às novas experiências (Sigelman & Rider, 2008). Através da assimilação, o indivíduo interpreta novos eventos ambientais em termos de estruturas ou esquemas cognitivos existentes (Sigelman & Rider, 2008). Tanto a acomodação como a assimilação são essenciais para o sucesso do desenvolvimento do indivíduo (Piaget, 1972; Leonard, 2002; von Glasersfeld, 1989).

A perspetiva construtivista social coloca a tónica na importância do contexto social da aprendizagem (Seddon & Postlethwaite, 2007). A teoria de Vygotsky coloca a tónica na importância do contexto sociocultural em que a aprendizagem tem lugar e na forma como esse contexto tem um impacto sobre o que é aprendido (Fosnot,

1996; Huang & Liaw, 2004). O construtivismo social salienta o papel da interação social para ajudar o aprendente a construir uma nova compreensão, em vez de realçar a interação individual do aprendente com o ambiente (Huang, 2002). Salienta igualmente a importância da natureza da interação social do aprendente com membros conhecedores da sociedade. A este respeito, o conhecimento é construído em comunidades de prática através da interação social (Brown, Collins & Duguid, 1989; Kuhn, 1996; Vygotsky, 1978). Vygotsky estudou a forma como as crianças aprendem através da comunicação com os outros e sublinhou a importância crítica da interação no desenvolvimento cognitivo, a base da sua teoria conhecida como zona de desenvolvimento proximal (ZPD) (Huang & Liaw, 2004). Vygotsky definiu a ZPD como "a distância entre o nível de desenvolvimento real, determinado pela resolução independente de problemas, e o nível de desenvolvimento potencial, determinado pela resolução de problemas sob a orientação de um adulto ou em colaboração com colegas mais capazes" (Vygotsky, 1978, p. 86). A capacidade de aprendizagem ou de resolução de problemas de um aluno pode ser reforçada se lhe for fornecido o tipo de apoio cognitivo adequado e a orientação de uma pessoa mais capaz (Gijlers & de Jong, 2005). A oportunidade de interagir e de negociar significados com outros aprendentes conduz à construção de conhecimentos. De acordo com a abordagem construtivista social, a aprendizagem é um processo auto-dirigido, baseado em problemas e colaborativo (Bang & Dalsgaard, 2006; Gulati, 2004).

Os diferentes pontos de vista sobre o construtivismo tendem a partilhar as seguintes crenças: (1) a aprendizagem é um processo ativo de construção e não de aquisição de conhecimentos, e (2) a instrução é um processo de apoio a essa construção e não de comunicação de conhecimentos (Duffy & Cunningham, 1996, p. 171).

Embora o construtivismo seja uma teoria da aprendizagem e não um método de ensino, tem aplicação na instrução. De acordo com Gance (2002), os principais componentes pedagógicos geralmente associados a essas visões do construtivismo são:

- um aprendente cognitivamente empenhado que procura ativamente explorar o seu ambiente para obter novas informações;

- uma pedagogia que inclui frequentemente uma interação prática e dialógica com o ambiente de aprendizagem. Por exemplo, a conceção efectiva de um sítio Web é preferível a uma simples explicação sobre a forma de conceber sítios Web;
- uma pedagogia que requer frequentemente um contexto de aprendizagem que crie uma situação de resolução de problemas que seja autêntica por natureza; e
- um ambiente que inclui normalmente uma componente social, muitas vezes interpretada como uma interação real com outros alunos e com o professor no contexto real da aprendizagem.

Ben-Ari (2001) afirmou que "as técnicas de ensino derivadas da teoria do construtivismo são supostamente mais bem sucedidas do que as técnicas tradicionais porque abordam explicitamente o processo inevitável de construção do conhecimento" (p. 45).

Jonassen, Peck e Wilson (1999) defendem que a aprendizagem construtivista enfatiza os cinco atributos diferentes da aprendizagem significativa, que são: (1) aprendizagem intencional, (2) aprendizagem ativa, (3) aprendizagem construtiva, (4) aprendizagem cooperativa e (5) aprendizagem autêntica. Sugerem também que os professores devem utilizar as tecnologias para envolver os alunos numa aprendizagem ativa, construtiva, intencional, autêntica e cooperativa, a fim de apoiar uma aprendizagem significativa.

Como já foi referido, a aprendizagem também pode ser analisada como um produto. A aprendizagem como produto enfatiza o resultado final da experiência de aprendizagem e é definida como uma mudança relativamente permanente ou aquisição de conhecimento, compreensão ou comportamento (Hohn, 2005). A aprendizagem é abordada como um resultado, o produto final de um processo de aprendizagem (Smith, 1999). Os resultados da aprendizagem podem assumir a forma de mudanças no que sabemos, mudanças no que podemos fazer e mudanças na forma como valorizamos ideias e experiências. Klein (1998) defende que a aprendizagem, definida como a aquisição de conhecimentos ou competências, tem dois significados. O primeiro é a aquisição de competências ou de *saber-fazer,* que implica a capacidade física de produzir uma determinada ação, e o segundo é a aquisição de saber-porquê, que implica a capacidade de articular uma compreensão concetual de uma experiência.

Stiles (2000) afirma que a aprendizagem é eficaz se estiver relacionada não só com a aquisição de conhecimentos e competências específicos da disciplina, mas também com o desenvolvimento de abordagens e competências mais gerais ou estratégicas. Carnell e Lodge (2002) propuseram uma lista de resultados que estão envolvidos numa aprendizagem eficaz. Os três primeiros itens desta lista são: "conhecimento aprofundado; competências, estratégias e abordagens de ordem superior; ação no sentido de uma maior complexidade e mais aprendizagem" (Carnell & Lodge, 2002, p.18).

Neste estudo, a aprendizagem foi considerada como a aquisição dos três tipos diferentes de conhecimento da disciplina (saber o *quê*, saber como e saber *porquê*) e a melhoria das competências de colaboração (por exemplo, a capacidade de trabalhar em grupo). A aprendizagem dos alunos foi avaliada neste estudo através de um exame de aquisição de conhecimentos que indicava os seus resultados de aprendizagem após a participação no curso em linha.

2.1.1.1 O construtivismo na aprendizagem em linha

O núcleo essencial do construtivismo é que os alunos constroem ativamente o seu próprio conhecimento e significado a partir das suas experiências (Fosnot, 1996; Steffe & Gale, 1995), enquanto o foco do construtivismo social está na experiência social partilhada e na negociação social do significado (Doolittle & Camp, 1999). O construtivismo social tornou-se uma teoria cada vez mais popular, utilizada para descrever o processo de aprendizagem e de ensino. Consequentemente, está a influenciar as novas tendências na conceção e aplicação de muitas áreas do currículo.

Os princípios da teoria de aprendizagem do construtivismo social podem ser aplicados tanto na aprendizagem tradicional como na aprendizagem em linha. Sem dúvida, as novas tecnologias de comunicação da Web fornecem ferramentas essenciais que podem apoiar o ensino e a aprendizagem construtivistas sociais. As ferramentas da Web, como os fóruns de discussão e os wikis, proporcionam um meio de diálogo, discussão e aprendizagem em colaboração. Os alunos podem comunicar e interagir uns com os outros e com os seus professores, o que leva à construção social do significado. A tecnologia também pode ser utilizada para criar comunidades de aprendentes e profissionais e pode facilitar as interações e actividades necessárias para resolver problemas do mundo real (Burge & Roberts, 1993).

Os investigadores, incluindo Huang (2002), Monteith e Smith (2001), Sims (2003), e

Alexander, Polyakova-Norwood, Johnston, Christensen e Loquist (2003), reconheceram que as estratégias de aprendizagem construtivistas devem ser aplicadas na aprendizagem em linha. A literatura também documentou que a teoria da aprendizagem construtivista é adequada para a aprendizagem em linha porque assegura a aprendizagem entre os aprendentes (Harman & Koohang, 2005; Hung, 2001; Hung & Nichani, 2001; Koohang & Harman, 2005; Koohang, Riley & Smith, 2009; Melzer, 1999). Além disso, as tecnologias Web podem ajudar a mudar o foco do conhecimento como transmissão para o conhecimento como construção, devido à sua versatilidade e acessibilidade (Hadjerrouit, 2003).

Mason (1998) afirmou que o pensamento construtivista pode ser encorajado através da participação do aluno em debates estruturados em linha, actividades colaborativas em linha, avaliação em linha, material didático interativo e a mudança do papel do instrutor de "sábio para guia" (p. 4). Koohang (2009) apresentou um modelo baseado na teoria da aprendizagem construtivista em ambientes de aprendizagem em linha. O modelo inclui as seguintes três categorias de elementos do construtivismo: (1) a conceção das actividades de aprendizagem, (2) a avaliação da aprendizagem e (3) o papel do formador. A conceção das actividades de aprendizagem inclui a colaboração, perspectivas múltiplas, exemplos do mundo real , autorreflexão, representações múltiplas de ideias e negociação social. Os elementos de avaliação da aprendizagem consistiram na avaliação do instrutor, na autoavaliação e na avaliação colaborativa. As funções do instrutor consistiam em orientar, aconselhar, reconhecer, dar feedback e avaliar a aprendizagem dos alunos. Terry Anderson (2008) afirmou que, para que a aprendizagem em linha seja eficaz, os formadores devem adotar actividades educativas centradas no formando, no conhecimento, na avaliação e na comunidade, uma vez que estas resultam em níveis elevados de aprendizagem para todos os participantes. Estas componentes de aprendizagem são também apoiadas pela abordagem de aprendizagem construtivista.

Laurillard (1995) identificou dois outros processos para incentivar a aprendizagem em linha socialmente construtivista. O primeiro incluía a adaptação do mundo do aprendente pelo professor, através do feedback sobre o trabalho e o debate dos aprendentes, e o segundo incluía a reflexão do aprendente sobre esse feedback. Reconheceu também que a reflexão exige tempo e esforço e, por isso, deve ser dada aos alunos a oportunidade de construírem novos significados em relação aos significados existentes.

O construtivismo salienta o valor da interação entre pares na investigação e desenvolvimento de perspectivas múltiplas (Anderson, 2008). A interação entre os estudantes e a interação entre os estudantes e o formador são o diálogo que promove a aprendizagem nos cursos em linha (Cunningham, 1992). Esta é a razão pela qual a interação e o debate entre os participantes em cursos em linha foram identificados como uma componente fundamental dos ambientes de aprendizagem em linha, e tanto os formadores como os investigadores concordaram que é aqui que ocorre a "verdadeira" aprendizagem (Ertmer et al., 2007; Gulati, 2004; Laurillard, 1995; Swan, 2002). Este ponto de vista sobre a importância da interação e da colaboração entre os participantes na aprendizagem em linha é apoiado pela teoria do construtivismo social, especificamente a zona de desenvolvimento proximal de Vygotsky (1978). A secção 2.2.1 (p. 40) analisa a investigação existente sobre a interação na aprendizagem em linha.

2.1.1.2 Construtivismo no ensino da informática

Ben-Ari (2001) observou que o construtivismo tem sido extremamente influente no ensino das ciências e da matemática, mas menos no ensino da informática. Boyle (2000) discutiu a aplicação do construtivismo às Ciências da Informação e da Computação (CIC) e argumentou que o construtivismo fornece um conjunto de ideias que deveriam ter um impacto mais profundo e mais alargado no ensino e na aprendizagem das CIC. Ali (2005) e Hadjerrouit (2005b) referem que o paradigma do construtivismo tem sido utilizado no ensino de linguagens de programação, como o Pascal, e tem também influenciado a conceção de ambientes de aprendizagem de conceitos de programação orientada para objectos (OOP). A OOP é um paradigma de programação recente que utiliza objectos (estruturas de dados constituídas por campos de dados e funções, juntamente com as suas interações) para conceber e implementar aplicações e programas de computador.

Hadjerrouit (1998) leccionou quatro cursos de licenciatura em informática utilizando a linguagem de programação Java, entre 1996 e 1997, de acordo com um quadro pedagógico motivado por princípios da teoria de aprendizagem do construtivismo e concluiu que o construtivismo pode dar contributos importantes para o processo de aprendizagem do paradigma Java. Hadjerrouit (2005a) também descreveu um modelo pedagógico centrado no aluno, baseado na teoria de aprendizagem construtivista, para ensinar aos alunos as competências de que necessitam para construir aplicações baseadas na Web de forma mais eficaz e colaborativa. O modelo é iterativo e engloba dois tipos de componentes: (1) o processo de gestão da aprendizagem, que se preocupa com a monitorização das actividades de aprendizagem, tais como o fornecimento de informações e a avaliação do trabalho do projeto, e (2) as fases de aprendizagem, que são um conjunto ordenado de actividades interdependentes que vão desde a análise do contexto até à comunicação dos resultados da aprendizagem. Ao avaliar esta abordagem, Hadjerrouit (2005a) concluiu que a aplicação da teoria de aprendizagem construtivista ajudou os professores a expor os alunos a muitos aspectos da matéria que são de importância crucial para a profissão de engenheiro Web. Além disso, permitiu concentrar-se no que realmente importa para os alunos - a aquisição de competências críticas, tarefas autênticas, aspectos motivacionais, trabalho de equipa, colaboração e negociação, competências de leitura e escrita, avaliação formativa e autoavaliação (Hadjerrouit, 2005a).

Os princípios construtivistas são aplicáveis a todos os níveis do ensino das ciências informáticas e não apenas aos programadores principiantes (Ben-Ari, 2001; Hadjerrouit, 1998). Devido ao rápido ritmo de mudança das ferramentas e aplicações de software, a maioria dos engenheiros de software da indústria e das empresas está continuamente envolvida na educação e, por conseguinte, considera a teoria do construtivismo e as suas aplicações estimulantes e relevantes para o seu trabalho quotidiano (Ben-Ari, 2001). Este argumento é igualmente válido para os professores que ensinam ferramentas de software e linguagens de programação.

Ben-Ari (2001, p. 68) propôs um guia para os educadores sobre a aplicação prática do construtivismo, incluindo os cinco pontos seguintes:

(1) Os instrutores devem articular entre si a mudança cognitiva que pretendem provocar nos alunos e estruturar a atividade para atingir esse objetivo. A mera transferência de conhecimentos não é um objetivo significativo.

(2) Os instrutores devem expor os conhecimentos prévios necessários à construção de um modelo viável do material que estão a ensinar. Os instrutores devem garantir que os alunos tenham esse conhecimento prévio.

(3) Em qualquer curso particular, os instrutores ensinarão um nível específico de abstração. Os professores devem apresentar explicitamente um modelo viável um nível abaixo daquele que estão a ensinar.

(4) Quando um aluno comete um erro ou demonstra uma falta de compreensão, o professor deve assumir

que o aluno tem um modelo mental mais ou menos consistente, mas inviável. A tarefa do professor consiste em obter esse modelo e orientar o aluno na sua modificação.

(5) Os professores devem dar o máximo de oportunidades para a reflexão individual (por exemplo, análise de erros) e para a interação social (por exemplo, tarefas de grupo e laboratórios). Cada professor deve decidir como aplicar estes conceitos numa situação concreta.

Ben-Ari (2001) concluiu que o construtivismo é aplicável ao ensino da informática e que os modelos devem ser explicitamente ensinados e discutidos antes das abstracções.

Além disso, o ensino da informática dá ênfase à aprendizagem em colaboração, uma vez que os alunos aprendem frequentemente em grupos e têm de conceber algoritmos e desenvolver projectos de software em colaboração. Assim, o aspeto social e de partilha de conhecimentos entre os alunos é realçado na realização de projectos de programação. Com base na teoria do construtivismo social, os professores são responsáveis pela conceção de um modelo de ensino concreto no contexto da disciplina, enquanto os alunos são incentivados a resolver o problema utilizando estratégias de colaboração em grupo (Luo, 2005). Os processos de aprendizagem colaborativa incentivam a construção de conhecimentos num ambiente em que os alunos partilham a sua própria compreensão (Davis, 1993; McAlpine, 2000). De acordo com este ponto de vista, a abordagem construtivista parece ser adequada para o ensino da informática a todos os níveis (Ali, 2005; Ben-Ari, 2001; Hadjerrouit, 1998; Luo, 2005).

2.1.1.3 Teoria da aprendizagem do construtivismo: Resumo

Em resumo, a teoria da aprendizagem construtivista coloca uma grande ênfase na interação e afirma que o conhecimento é ativamente construído pelo estudante. A abordagem pedagógica subjacente à aprendizagem em linha baseia-se geralmente no construtivismo, em que os estudantes criam ativamente conhecimentos de uma forma pessoalmente relevante e significativa (Moisey & Hughes, 2008). Este estudo explorou o efeito potencial dos fóruns de discussão estruturados na aprendizagem em cursos de informática que tiveram lugar em ambientes de aprendizagem em linha concebidos de acordo com princípios construtivistas.

2.1.2 Aprendizagem em colaboração

O construtivismo social defende que o conhecimento é construído pela interação social e pela aprendizagem em colaboração (McDonald & Gibson, 1998). Nos últimos anos, a aprendizagem em colaboração tornou-se um dos métodos pedagógicos de grupo mais poderosos. A aprendizagem em colaboração e a aprendizagem cooperativa são termos que têm sido utilizados indistintamente. Dillenbourg e Schneider (1995) estabeleceram uma distinção entre a aprendizagem em colaboração e a aprendizagem cooperativa. Afirmam que a aprendizagem cooperativa é "... um protocolo em que a tarefa é previamente dividida em subtarefas que os parceiros resolvem de forma independente". A aprendizagem em colaboração descreve situações "... em que dois ou mais sujeitos constroem de forma síncrona e interactiva uma solução conjunta para um problema". Esta distinção baseia-se em ideias diferentes sobre o papel e a participação dos membros individuais na atividade de aprendizagem (Lehtinen, Hakkarainen, Lipponen, Rahikainen & Muukkonen, 1999) e coloca uma maior ênfase na extensão e na qualidade das interações e trocas que ocorrem nos grupos de alunos em ambientes de colaboração. Com as tarefas cooperativas, os participantes podem chegar a acordo sobre os elementos da tarefa e distribuir esses aspectos pelos membros do grupo, que trabalharão de forma independente até que cada um tenha completado a sua componente (Curtis & Lawson, 2001). Os componentes separados podem então ser reunidos para produzir o produto final. No entanto, o trabalho colaborativo envolve o envolvimento mútuo dos participantes num esforço coordenado para resolver o problema em conjunto (Lehtinen et al., 1999).

Schrage (1990) define a colaboração como "o processo de criação partilhada: dois ou mais indivíduos com competências complementares interagem para criar um entendimento partilhado" (p. 40). Johnson e Johnson (1989) referem que a aprendizagem cooperativa é a utilização pedagógica de pequenos grupos para que os alunos trabalhem em conjunto para maximizar a sua própria aprendizagem e a dos outros. Alguns autores, por exemplo Johnson e Johnson (1986, 1989), utilizam o termo aprendizagem cooperativa para descrever os processos de nível superior que Dillenbourg e Schneider (1995) rotulariam de colaborativos (Aidwin, 2008; Curtis & Lawson, 2001). De acordo com Johnson e Johnson (2004a), os dois termos, aprendizagem cooperativa e aprendizagem colaborativa, são cada vez mais permutáveis e sinónimos (p. 788). É, no entanto, mais importante sublinhar que existem mais semelhanças do que diferenças entre os dois termos e que ambos partilham um grande número de pressupostos e áreas de concordância (Kirschner, 2001). Kirschner (2001) observou que em ambos:

- a aprendizagem é ativa;
- o professor é normalmente mais um facilitador do que um "sábio no palco";
- o ensino e a aprendizagem são experiências partilhadas entre professores e alunos;
- os alunos participam em actividades de pequenos grupos;
- os alunos devem assumir a responsabilidade pela aprendizagem;
- discutir as suas ideias num pequeno grupo aumenta a capacidade de refletir sobre os seus próprios

pressupostos e processos de pensamento; e

- as competências sociais e de equipa são desenvolvidas através da construção de consensos;

Uma vez que existem mais analogias do que diferenças entre os dois termos, estes são considerados aqui como sinónimos e o termo 'aprendizagem colaborativa' é utilizado neste estudo.

Johnson e Johnson (2004a) especificaram os seguintes cinco elementos básicos que são necessários para uma colaboração de grupo eficaz:

(1) **A interdependência positiva** ocorre quando cada membro de um grupo tem a perceção de que só pode ser bem sucedido se o grupo o for. De acordo com Johnson, Johnson e Holubec (1998), a interdependência positiva liga os membros do grupo "... de modo que um não pode ter sucesso a menos que todos os membros do grupo tenham sucesso. Os membros do grupo têm de saber que se afundam ou nadam juntos" (Johnson et al., 1998, p. 4). Se

se um for bem sucedido, todos os membros beneficiam e se um falhar, todos os membros sofrem de alguma forma

forma. Os membros do grupo apercebem-se de que os esforços de cada membro beneficiam não só eles próprios, mas também todos os outros membros do grupo (Murphey & Jacobs, 2000). A interdependência positiva proporciona um sentimento de apoio no seio do grupo. Também promove uma situação em que os alunos trabalham juntos em grupos para maximizar a aprendizagem de todos os membros, partilhando os seus recursos, fornecendo apoio mútuo e celebrando o seu sucesso conjunto (Johnson, Johnson & Smith, 2007).

(2) **A responsabilidade individual** refere-se à responsabilidade de cada participante em atingir os objectivos do grupo. A responsabilidade individual existe quando o desempenho de cada aluno é avaliado, os resultados são comunicados ao grupo e ao indivíduo, e o membro é responsabilizado pelos colegas de grupo por contribuir com a sua quota-parte para o sucesso do grupo (Johnson et al., 2007). Os membros do grupo precisam de saber (1) quem precisa de mais assistência, apoio e encorajamento para completar a tarefa e (2) que ninguém deve aproveitar-se dos esforços dos outros (Johnson et al., 2007). Os alunos aprendem de forma colaborativa para que, posteriormente, possam

ter um desempenho superior enquanto indivíduos. De acordo com Murphey e Jacobs (2000), "a responsabilização individual proporciona um sentimento de pressão no seio do grupo, que, espera-se, se misture bem com o sentimento de apoio proporcionado pela interdependência positiva" (p. 4).

(3) **A interação promotora** existe quando os membros do grupo agem como membros de confiança, reconhecendo e desafiando as ideias uns dos outros e facilitando os esforços uns dos outros para atingir os objectivos do grupo. Os membros do grupo promovem o sucesso uns dos outros (1) dando e recebendo ajuda e assistência eficazes, (2) trocando os recursos necessários, como informações e materiais, e processando as informações de forma mais eficiente e eficaz, (3) fornecendo feedback uns aos outros para melhorar o desempenho subsequente, (4) desafiar as conclusões e o raciocínio uns dos outros, a fim de promover uma tomada de decisão de maior qualidade e uma melhor compreensão dos problemas que estão a ser considerados, (5) defender esforços acrescidos para atingir os objectivos do grupo, (6) influenciar mutuamente o raciocínio e o comportamento uns dos outros, e (7) agir de forma confiante e digna de confiança (Johnson & Johnson, 1989; Johnson et al., 2007).

(4) **Competências sociais:** a aprendizagem em colaboração exige que os membros do grupo possuam competências interpessoais e de pequeno grupo, que são as acções necessárias para interagir eficazmente com os outros membros. Para coordenar esforços para atingir objectivos comuns, os membros do grupo devem (1) conhecer-se e confiar uns nos outros, (2) comunicar com precisão e sem ambiguidades, (3) aceitar e apoiar-se mutuamente e (4) resolver conflitos de forma construtiva (Johnson & Johnson, 2004a; Johnson et al., 2007).

(5) **O processamento em grupo** ocorre quando os membros do grupo discutem seu progresso e decidem quais comportamentos continuar ou mudar. O processamento do grupo inclui a monitorização do trabalho de todos os membros para garantir a qualidade do trabalho, facilitando a interação social e garantindo a interação recíproca para que os membros do grupo possam colaborar eficazmente. O processamento em grupo pode resultar em (1) racionalização do processo de aprendizagem para o

tornar mais simples, (2) eliminação de acções inadequadas e não qualificadas, e (3) melhoria contínua das competências dos membros no trabalho em grupo (Johnson et al., 2007).

É importante notar que os componentes acima enumerados da colaboração eficaz em grupo estão altamente relacionados entre si. Por exemplo, a interdependência positiva conduz a uma interação promotora; e a interação promotora exige que os membros do grupo possuam um certo grau de competências sociais e de pequeno grupo (Kreijns, Kirschner & Jochems, 2003).

De acordo com Johnson e Johnson (1989), se as condições estiverem reunidas, a colaboração aumentará o esforço do aluno para atingir os objectivos, a qualidade das relações entre os participantes e a saúde psicológica dos participantes ("a capacidade de desenvolver, manter e modificar adequadamente as relações interdependentes com os outros para atingir os objectivos", p. 138).

A aprendizagem em colaboração é vista como um método pedagógico importante para a aprendizagem devido à interação social que incorpora. Kreijns et al. (2003) afirmam que a interação social parece ser o elemento-chave da colaboração. Os alunos que trabalham em grupos pequenos e heterogéneos aprendem tanto o conteúdo da matéria, a resolução de problemas adequados e as competências de pensamento crítico, como as competências necessárias para trabalhar em conjunto de forma colaborativa (Bruffee, 1999; Garrison, Anderson & Archer, 2001; Norris & Ennis, 1989; Roberts, 2004). Levin e Ben-Jacob (1998, como citado em Ben-Jacob, Levin & Ben-Jacob, 2000) argumentaram que o trabalho colaborativo será uma componente integral do ensino superior no novo milénio, não só porque apoia a aprendizagem ativa, mas também porque é exigido no local de trabalho para o qual vamos preparar os nossos estudantes.

Diversos estudos demonstraram que a aprendizagem em colaboração, em comparação com a aprendizagem individual, resulta geralmente em melhores resultados, melhores ligações psicológicas (carinho, apoio e empenhamento), maior saúde psicológica, competência social e autoestima (Johnson & Johnson, 1989; Johnson, Johnson, & Smith, 1991; Slavin, 1995; Smith, 1995). De acordo com Johnson e Johnson (1986), existem provas persuasivas de que os grupos de colaboração atingem níveis de pensamento mais elevados e retêm a informação durante mais tempo do que os estudantes que trabalham individualmente em silêncio.

Também se argumentou que as actividades de aprendizagem em colaboração contribuem para uma aprendizagem profunda e uma compreensão partilhada, e dão aos alunos a oportunidade de assumirem a responsabilidade pela sua própria aprendizagem, tornando-se assim pensadores críticos (Garrison et al., 2001; Slavin, 1995).

Numa perspetiva construtivista, a aprendizagem em colaboração pode ser considerada como um dos métodos pedagógicos baseados no grupo que pode estimular os alunos a negociar e a discutir problemas complexos a partir de diferentes perspectivas (Veerman & Veldhuis-Diermanse, 2001). Isto pode ajudar os alunos a elaborar, explicar e avaliar a informação, a fim de re e co-construir o conhecimento ou resolver os problemas (Baker, 1994; Dillenbourgh & Schneider, 1995; Scardamalia & Bereiter, 1994; Veerman & Veldhuis-Diermanse, 2001).

De acordo com Roberts (2004), muitos investigadores sublinharam que a aprendizagem em colaboração também pode ter desvantagens a par das suas muitas vantagens. Entre outros, Hooper (1992) e Salomon (1992) salientaram que os grupos frequentemente não funcionam bem devido aos seguintes efeitos negativos:

- *Efeito "Free rider"* (Kerr & Bruun, 1983), que ocorre quando um membro do grupo deixa a tarefa para os outros, porque sente que o grupo está a fazer o suficiente.
- *"Social loafing"*, que se refere à perda de motivação individual para trabalhar resultante do aumento da dimensão do grupo. À medida que a dimensão do grupo aumenta, aumenta também a não participação. O vadio social difere do parasita na medida em que o primeiro não tem motivação para contribuir para o desempenho do grupo, enquanto o segundo tenta tirar partido dos outros, minimizando as suas contribuições essenciais (Kreijns et al., 2003).
- *O "efeito de sucção"*, que ocorre quando os membros do grupo que fazem a parte substancial do trabalho se apercebem de que há parasitismo no grupo e, por conseguinte, podem reduzir o seu esforço individual.

Foi referido que, para que os efeitos positivos da aprendizagem colaborativa em pequenos grupos se verifiquem, os membros do grupo devem possuir as competências de colaboração necessárias (Bosworth, 1994). Estas incluem, entre outras, competências interpessoais ou sociais (abertura e solidariedade), competências de gestão/desenvolvimento do grupo (envolvimento e controlo) e competências de investigação (clarificação, inferência e estratégias) (Johnson et al., 2007; McDonald & Gibson, 1998). Além disso, o papel do professor na monitorização dos grupos e no feedback sobre a forma como os membros do grupo estão a trabalhar em conjunto contribui para a eficácia do processo de colaboração.

Neste estudo, a colaboração é definida como um processo em que pequenos grupos de alunos com níveis de conhecimento e capacidades diferentes trabalham em conjunto para partilhar informação, resolver problemas e realizar actividades de aprendizagem e um projeto final. Esta interpretação deste tipo de colaboração está de acordo com a definição dada por Johnson e Johnson (2004a).

A aprendizagem em colaboração tornou-se uma das componentes que os formadores de cursos em linha gostam de incluir. A análise da literatura que se segue debruçar-se-á mais aprofundadamente sobre a aprendizagem colaborativa em linha e o seu potencial efeito na aprendizagem dos alunos.

2.1.2.1 Aprendizagem colaborativa em linha

Com o crescimento explosivo da Internet e da comunicação mediada por computador (CMC), tem havido muitas tentativas de incorporar métodos de aprendizagem colaborativa em ambientes em linha. A aprendizagem colaborativa torna-se aprendizagem colaborativa em linha quando tem lugar através de tecnologias de CMC - normalmente a Internet (Belanger, 2006). O objetivo da aprendizagem colaborativa em linha é proporcionar um ambiente que apoie e reforce a colaboração em linha entre estudantes, a fim de melhorar os processos de aprendizagem dos estudantes (Kreijns et al., 2003). A distinção entre a aprendizagem em linha colaborativa e a aprendizagem em linha reside no facto de a primeira utilizar técnicas de aprendizagem colaborativa, como o trabalho de grupo, enquanto a segunda pode não o fazer (Belanger, 2006). A aprendizagem colaborativa em linha cria a conveniência para os alunos de pequenos grupos, porque podem interagir em linha independentemente da sua distância e localização (Mann, 2008). Os alunos podem escolher o seu próprio tempo, utilizando o seu próprio computador para a sua colaboração em linha.

Apesar da popularidade da aprendizagem colaborativa em linha, o simples facto de juntar os alunos num grupo de aprendizagem em linha e pedir-lhes que trabalhem em colaboração não garante que se envolvam numa investigação colaborativa significativa (An, Kim & Kim, 2008; Biesenbach-Lucas, 2004; Johnson & Johnson,

1986, 1989). Felizmente, existe uma literatura crescente que descreve como a aprendizagem colaborativa em linha pode ser implementada com êxito (Achtemeir, Morris & Finnegan, 2003; Harasim, Hiltz, Teles & Turoff 1995; Rossman, 1999; Schrum & Hong, 2002). A chave parece ser a preparação pelo instrutor ao programar actividades de aprendizagem em colaboração ao longo da experiência (Hiltz, 1997), incluindo projectos de coprodução (Harasim, 2002). Hiltz e Turoff (2002) sugeriram que as actividades de aprendizagem em colaboração, que se adequam bem a ambientes em linha , incluem debates, projectos de grupo, discussões de estudos de caso, simulações, exercícios de representação de papéis, a partilha de soluções para problemas de trabalhos de casa e a composição em colaboração de ensaios, histórias e planos de investigação. No entanto, na realidade, a maior parte do trabalho colaborativo em linha é normalmente relegado para conversas em fóruns de discussão, em que os alunos apenas geram um diálogo entre si sobre as leituras semanais (An et al., 2008). Embora este tipo de atividade possa ser claramente relevante, a extensão da colaboração real é normalmente limitada, razão pela qual é necessário combinar actividades de aprendizagem colaborativa bem concebidas com a aprendizagem colaborativa em linha.

A aprendizagem em linha colaborativa adopta uma orientação construtivista que sublinha a interação social na construção do conhecimento (Belanger, 2006). Os alunos da aprendizagem em linha colaborativa são criadores activos de conhecimento. Fazem-no interagindo e trabalhando em colaboração uns com os outros e com o professor. O papel do instrutor é importante para o sucesso de uma atividade de aprendizagem colaborativa. O papel do instrutor passa a ser o de observar, monitorizar, facilitar e fornecer informações e feedback (Harasim et al., 1995; Teles, Ashton, Roberts & Tzoneva, 2001). Este é um papel significativamente diferente do do professor numa sala de aula tradicional. Exige uma maior interação com os estudantes, mas isso pode aumentar as possibilidades de uma aprendizagem em linha bem sucedida.

Estudos demonstraram que os estudantes que relataram os níveis mais elevados de interação com o formador também relataram os níveis mais elevados de satisfação e aprendizagem num curso em linha (Prasad, 2009; Shea, Fredericksen, Pickett, Pelz & Swan, 2001; Swan, 2002). Tem sido defendido que a incorporação de actividades de colaboração bem planeadas na aprendizagem em linha beneficia os estudantes, uma vez que é mais provável que sejam geradas competências de pensamento de ordem superior (Schulz, 2003). Outros benefícios da colaboração em linha que têm sido citados incluem o reforço do pensamento crítico (Gokhale, 1995), a reflexão, o feedback dos pares (Ruhleder & Twidale, 2000) e a redução da ansiedade em situações sociais (Gokhale, 1995).

Para que a aprendizagem colaborativa em linha seja bem sucedida, os formadores devem incorporar actividades de aprendizagem colaborativa bem concebidas nos cursos em linha. Além disso, tanto os professores como os alunos devem assumir novos papéis na relação ensino-aprendizagem. Isto ajudará certamente a facilitar a colaboração entre os participantes do e contribuirá para tornar a experiência em linha de cada participante mais significativa.

2.1.2.2 Aprendizagem em colaboração: Resumo

Em conclusão, a aprendizagem em colaboração pode contribuir para a aprendizagem também em ambientes em linha. Neste estudo, foram incorporadas actividades de aprendizagem em colaboração bem planeadas no fórum de discussão estruturado, com o objetivo de aumentar a aquisição de conhecimentos por parte dos alunos e de melhorar as suas competências de colaboração. Estas actividades basearam-se principalmente nos princípios da aprendizagem baseada em problemas e em projectos.

2.1.3 Estratégias de ensino

Existem muitos tipos diferentes de estratégias de ensino que podem ser adoptadas no ambiente de ensino e aprendizagem, a fim de promover a interação e a colaboração entre os alunos. A aprendizagem baseada em problemas e a aprendizagem baseada em projectos são duas estratégias importantes que apoiam o desenvolvimento de capacidades genéricas fundamentais, como o trabalho em equipa, a comunicação, o pensamento crítico e a resolução de problemas (Morris, 2005). Uma vez que estas abordagens são importantes para o presente estudo, serão apresentadas nas secções seguintes.

2.1.3.1 Aprendizagem baseada em problemas

O modelo original de aprendizagem baseada em problemas (PBL) foi desenvolvido para ser utilizado com estudantes de medicina no Canadá, com o objetivo de os ajudar a melhorar as suas capacidades de diagnóstico através do trabalho em problemas mal estruturados (Barrows, 2000). Mais recentemente, o modelo PBL foi alargado às aulas de matemática, ciências e estudos sociais (Thomas, 2000).

A ABP é uma estratégia de ensino centrada no aluno, na qual os alunos são progressivamente responsabilizados pela sua própria educação e se tornam cada vez mais independentes do professor (Ali, 2005; Cheong, 2008). A ABP foi descrita por Finkle e Torp (1995) como "um sistema de desenvolvimento curricular e de ensino que desenvolve simultaneamente estratégias de resolução de problemas e bases de conhecimentos e competências disciplinares, colocando os alunos no papel ativo de solucionadores de problemas confrontados com um problema mal estruturado que espelha os problemas do mundo real" (como citado em Stanley & Waterman, 2003, p. 104). De acordo com esta definição, a aquisição de conhecimentos específicos de um domínio é tão importante como o desenvolvimento de competências de resolução de problemas e de capacidades. A abordagem PBL baseia-se na teoria que vê a aprendizagem como um processo em que o aluno constrói ativamente o conhecimento (Gijselaers, 1996; Savery & Duffy, 1995). Os alunos têm de construir e organizar o seu próprio conhecimento, desenvolver o pensamento crítico e trabalhar em pequenos grupos através da discussão, questionamento e apresentações em grupo (Savery & Duffy, 1995).

Na ABP, os alunos são confrontados com uma situação que os leva a resolver um problema. Os alunos aprendem através do ato de tentar resolver o problema. Discutem e analisam o problema, fazem uma lista do que sabem e do que precisam de saber, recolhem informações e tentam gerar e avaliar possíveis soluções para encontrar a melhor (Ben-Jacob et al., 2000; Cheong, 2008; Garcia-Famoso, 2005). Finalmente, os alunos resumem o seu trabalho, apresentam o problema e justificam a sua solução.

Os problemas apresentados aos alunos na ABP são concebidos para desafiar os alunos a desenvolverem competências eficazes para a resolução de problemas, o pensamento crítico e a aprendizagem autónoma (Ali, 2005). São autênticos, reflectem o mundo real, são mal estruturados e complexos e não têm uma única solução correta (Garcia-Famoso, 2005; Oliver & Omari, 1999). Os alunos precisam de utilizar diferentes perspectivas na resolução do problema, uma vez que existem muitas soluções para o mesmo.

Ellis et al. (1998) defendem que a ABP é especialmente adequada para as ciências da computação. A disciplina de informática corresponde às caraterísticas da ABP: a própria informática é essencialmente orientada para os problemas; a aprendizagem ao longo da vida é uma necessidade na área e os profissionais devem atualizar constantemente as suas competências; o trabalho de projeto em grupo é o modo de trabalho dominante; e, por último, a informática ultrapassa as fronteiras da disciplina (Hamalainen, 2004).

Kay et al. (2000) adoptaram a ABP em cursos básicos de informática na Universidade de Sydney. O seu estudo mostrou que a ABP promoveu (1) um currículo integrado, (2) competências em programação informática utilizando uma linguagem e um ambiente de programação modernos orientados para os objectos, (3) a capacidade de melhorar a qualidade dos programas utilizando métodos formais, (4) a capacidade de analisar o tempo de execução dos programas e de produzir programas com tempos de execução reduzidos, (5) a capacidade de utilizar a recursão[1] , (6) a independência e a iniciativa, (7) o pensamento crítico e a resolução de problemas, (8) a capacidade de trabalhar em grupo, (9) as capacidades de comunicação e (10) o planeamento. Também mencionaram que as competências genéricas promovidas pela ABP, como o trabalho em grupo, o planeamento, a resolução de problemas e as competências de investigação, são objectivos universais e altamente valorizados pelos empregadores no sector da informática.

Garcia-Famoso (2005) leccionou o curso "Introdução à Organização e Arquitetura de Computadores" de acordo com os princípios da ABP. O curso foi ministrado no primeiro semestre do primeiro ano do curso de informática. Os principais objectivos deste projeto foram: (1) reduzir a elevada taxa de abandono e insucesso nesta disciplina e (2) incentivar os alunos a envolverem-se no seu próprio processo de aprendizagem. Os resultados mostraram que a metodologia PBL era adequada para atingir estes objectivos e incentivava o trabalho de grupo e algumas competências adicionais, como a resolução de problemas e a aprendizagem autónoma.

Com o rápido crescimento do ensino e da aprendizagem em linha, vários modelos de ensino baseados na teoria

[1] A recursão é um conceito fundamental na ciência da computação em que a solução de um problema depende de soluções para instâncias mais pequenas do mesmo problema.

construtivista, como a ABP, têm sido amplamente adoptados (Luo, 2005). Oliver e Omari (1999) defendem que a ABP pode ser bem apoiada através de várias tecnologias de ensino, em virtude do acesso à informação e do apoio cognitivo que estas podem proporcionar. A utilização da WWW permite o acesso a uma grande quantidade de informações e recursos que podem ser utilizados na resolução de problemas. As capacidades de CMC da WWW também aumentam consideravelmente a sua capacidade de apoiar a ABP. Os alunos que utilizam ferramentas de CMC podem estabelecer um sentido de comunidade entre si e os formadores podem tornar-se mais acessíveis aos alunos.

Um estudo de Lyn Brodie (2006) investigou a ABP em linha, introduzindo um curso de ABP totalmente em linha, realizado ao longo de 5 anos, para estudantes do primeiro ano de engenharia na Universidade de Southern Queensland, Austrália. O curso baseou-se inteiramente na comunicação e nos recursos assíncronos baseados na Internet e não exigiu reuniões presenciais. O estudo revelou que: (1) 84% dos estudantes concordaram ou concordaram fortemente que o curso aumentou a sua apreciação da forma como os conhecimentos e competências prévios dos seus colegas e deles próprios podem ser utilizados para resolver problemas de forma eficaz, (2) 85% dos estudantes consideraram que o curso melhorou as suas competências de resolução de problemas, (3) 81% dos estudantes concordaram que o curso aumentou a sua capacidade de trabalhar em equipa, (4) 73% dos estudantes concordaram que a capacidade de aprender de forma independente aumentou, e (5) 79% consideraram que as suas competências de comunicação tinham aumentado.

Outro estudo realizado por Sendag e Odabasi (2009) investigou a forma como a abordagem PBL em linha utilizada num ambiente de aprendizagem em linha influenciou as competências de pensamento crítico e a aquisição de conhecimentos de conteúdo dos estudantes universitários. Os sujeitos eram estudantes inscritos no Departamento de Ensino de Matemática do Ensino Básico da Faculdade de Educação da Universidade de Anadolu, na Turquia, e frequentavam a disciplina de Informática II. Os resultados indicaram que a aprendizagem no grupo PBL em linha não teve um efeito significativo nas classificações de aquisição de conhecimentos de conteúdo, mas revelaram que a aprendizagem no grupo PBL em linha teve um efeito significativo no aumento das capacidades de pensamento crítico.

A ABP é inerentemente colaborativa (Barrows, 2000; Hmelo-Silver, 2004). Na ABP, os alunos trabalham em pequenos grupos com o incentivo e a orientação do professor, cujo papel é facilitar o processo de aprendizagem fazendo perguntas e monitorizando o processo e não fornecendo conhecimentos (Ben-Jacob et al., 2000; Cheong, 2008; Hmelo-Silver & Barrows, 2006). Numa perspetiva construtivista, o feedback e a reflexão sobre o processo de aprendizagem e a colaboração em grupo são componentes essenciais da ABP. A integração da ABP nos cursos em linha pode constituir um apoio adicional à aprendizagem colaborativa e à construção do conhecimento.

Uma vez que o presente estudo se debruçou sobre a aquisição de diferentes tipos de conhecimentos disciplinares e a melhoria das competências de colaboração em cursos em linha de informática, a abordagem PBL foi uma estratégia de ensino adequada adoptada nesta investigação.

2.1.3.2 Aprendizagem baseada em projectos

Thomas (2000) mencionou que "de acordo com as definições encontradas nos manuais de aprendizagem baseada em projectos para professores, os projectos são tarefas complexas, baseadas em questões ou problemas desafiantes, que envolvem os alunos em actividades de conceção, resolução de problemas, tomada de decisões ou investigação" (p. 1). Dão aos alunos a oportunidade de trabalhar de forma relativamente autónoma durante longos períodos de tempo e culminam em apresentações ou produtos realistas (Moursund, 2003; Thomas, 2000). Thomas (2000) apresentou um conjunto de critérios para responder à pergunta: "O que deve ter um projeto para ser considerado um exemplo de aprendizagem baseada em projectos?" Os cinco critérios são: (1) *centralidade,* "os projectos são centrais e não periféricos no currículo"; (2) *questões orientadoras*, "os projectos centram-se em questões ou problemas que 'levam' os alunos a encontrar (e a debater-se com) os conceitos e princípios centrais de uma disciplina"; (3) *investigações construtivas,* "os projectos envolvem os alunos numa investigação construtiva"; (4) *autonomia*, "os projectos são orientados pelos alunos num grau significativo"; e (5) *realismo*, "os projectos são realistas e não escolares" (Thomas, 2000, pp. 3-4).

Embora a aprendizagem baseada em projectos e a ABP tenham muito em comum, são duas abordagens distintas da aprendizagem. Moursund (2003) defende que a aprendizagem baseada em projectos constitui uma categoria de ensino mais ampla do que a ABP. Na aprendizagem baseada em projectos, os alunos têm um grande controlo sobre o projeto em que vão trabalhar e sobre o que vão fazer no projeto. O projeto pode ou não abordar um problema específico (Moursund, 2003). "Uma caraterística fundamental da aprendizagem baseada em projectos é que o projeto não se centra na aprendizagem de algo. Centra-se em fazer algo. É orientado para a ação". (Moursund, 2003, p. 11). Na ABP, um problema específico é especificado pelo professor do curso e os alunos trabalham individualmente ou em grupos durante um período de tempo para desenvolver soluções para esse problema.

Lou e MacGregor (2004) afirmam que a aprendizagem baseada em projectos e a aprendizagem colaborativa são altamente compatíveis e, de certa forma, essenciais uma à outra para uma implementação eficaz na sala de aula. Neste contexto, os alunos com diferentes níveis de conhecimentos e capacidades prévios trabalham em conjunto em pequenos grupos para um objetivo comum (Lou & MacGregor, 2004). Numa perspetiva construtivista social, a colaboração entre os alunos promove a participação e o desenvolvimento partilhado de conhecimentos (Salomon, 1993) que são importantes para a produção do projeto do curso.

De um modo geral, a investigação sobre a aprendizagem baseada em projectos dá conta de resultados positivos relacionados com a aprendizagem dos alunos nas áreas do conhecimento do conteúdo, das competências de colaboração, do empenho e da motivação, e do pensamento crítico e das competências de resolução de problemas. A investigação indicou que os alunos das turmas de aprendizagem baseada em projectos, em comparação com as turmas tradicionais, tiveram um melhor desempenho nas avaliações do conhecimento do conteúdo (Boaler, 1997; Penuel & Means, 2000 como citado em Penuel, Means & Simkins, 2000; Stepien, Gallagher & Workman; 1993). Além disso, os alunos foram capazes de demonstrar competências específicas na área do conteúdo depois de participarem na aprendizagem baseada em projectos (Mioduser & Betzer, 2003; Peck, Peck, Sentz & Zasa, 1998).

Foi também demonstrado que a aprendizagem baseada em projectos resulta em níveis elevados de envolvimento dos alunos (Belland, Ertmer & Simons, 2006; Brush & Saye, 2008). Um estudo realizado por

Bartscher, Gould e Nutter (1995) indicou que a aprendizagem baseada em projectos tinha um efeito positivo na motivação dos alunos para aprender. Além disso, os alunos que participaram na aprendizagem com base em projectos beneficiaram de um melhor pensamento crítico e de competências de resolução de problemas (Mergendoller, Maxwell & Bellisimo, 2006; Shepherd, 1998; Tretten & Zachariou, 1995), bem como de competências de colaboração (ChanLin, 2008; Horan, Lavaroni & Beldon, 1996 como citado em Thomas, 2000; Xu & Liu, 2010).

O ensino e a aprendizagem em linha estão a ganhar popularidade nos círculos académicos. Embora possam ser utilizados vários métodos de ensino para promover a interação social no ciberespaço (Palloff & Pratt, 1999), a abordagem de aprendizagem baseada em projectos parece ser uma componente bem estabelecida no ambiente de aprendizagem em linha (Lou & MacGregor, 2004). As actividades de aprendizagem colaborativa baseada em projectos permitem que os alunos e os professores no ambiente em linha comuniquem e interajam entre si e com o conteúdo do curso. Diferentes estudos demonstraram que as actividades de projectos colaborativos criam relações e um sentido de comunidade no âmbito do curso em linha e incentivam o desenvolvimento mútuo de conhecimentos. Por exemplo, Wang, Pool, Harris e Wangemann (2001) descobriram na sua investigação que os alunos envolvidos em projectos de grupo colaborativos em linha adquiriram um conhecimento mais profundo do conteúdo e competências de resolução de problemas de nível superior através da discussão dos objectivos do projeto e da conceção de estratégias e soluções com os membros do grupo.

Também Zhang, Peng e Hung (2009) investigaram a primeira experiência dos estudantes universitários na aprendizagem colaborativa em linha num ambiente de aprendizagem baseada em projectos em Taiwan. Os dados foram recolhidos através de entrevistas a 48 estudantes que foram introduzidos pela primeira vez na aprendizagem baseada em projectos neste estudo. Nesta experiência de aprendizagem baseada em projectos, os estudantes referiram que aprenderam mais e melhor, uma vez que tiveram de descobrir ativamente o que era necessário fazer e como lá chegar, tendo assim de se empenhar ativamente em pesquisas e investigações significativas.

Além disso, a comunidade académica das ciências da computação considera a aprendizagem baseada em projectos como uma componente essencial de qualquer curso (Fincher & Petre, 1998). O trabalho de projeto é reconhecido como tendo vários benefícios educacionais e sociais, em particular proporcionando aos estudantes oportunidades de aprendizagem ativa (Connolly & Begg, 2006; Fincher & Petre, 1998) e de pensamento criativo (Xu & Liu, 2010).

Neste estudo, foi utilizada a abordagem de aprendizagem baseada em projectos. Pediu-se a pequenos grupos de alunos que trabalhassem em colaboração para desenvolver e implementar um projeto final no fim do curso em linha.

2.1.3.3 Estratégias de ensino: Resumo

Foi demonstrado que a ABP e a aprendizagem baseada em projectos são métodos eficazes que contribuem para a aprendizagem em várias disciplinas e, em particular, no ensino da informática. A incorporação de ambas as estratégias de ensino na aprendizagem em linha também pode resultar num nível mais elevado de envolvimento e colaboração dos alunos, o que pode levar a um sentido de comunidade de aprendizagem e de construção de conhecimentos. Devido à sua importância, ambas as abordagens foram utilizadas neste estudo com o objetivo de melhorar a aprendizagem e a colaboração entre os alunos que participaram nos cursos em linha.

2.1.4 Relevância para o ensino da informática

O ensino da informática é uma disciplina vasta com muitos subdomínios. A algoritmia e a programação de computadores são dois domínios centrais nesta área. O termo algoritmo descreve um procedimento para resolver um problema que pode ser executado sob a forma de um programa de computador (Sedgewick, 1992). A palavra "programação", tal como utilizada neste estudo, refere-se ao processo de codificar uma solução para um determinado problema numa linguagem de programação e testá-la até ao fim.

O estímulo para a aprendizagem no ensino da informática é um conflito ou problema cognitivo, que determina a organização e a natureza do que é aprendido. Para aprender efetivamente a desenvolver e a conceber algoritmos, os alunos devem demonstrar competências de resolução de problemas de ordem superior. Milkova e Turcani (2006) sugeriram que os alunos devem ser capazes de pensar algoritmicamente para resolver determinados problemas. De acordo com Hubalovsky e Milkova (2010), o desenvolvimento da capacidade do aluno para pensar algoritmicamente é uma parte essencial dos estudos para futuros professores de informática.

Além disso, a tecnologia informática e as linguagens de programação estão em constante crescimento e mutação. Este crescimento rápido provoca rapidamente mudanças nos domínios de aprendizagem da informática. Ali (2005) propôs que a ênfase na aprendizagem e na reprodução de conhecimentos factuais é insuficiente no ensino da informática e que tanto os professores como os alunos têm de reaprender constantemente as competências e os conhecimentos da disciplina. Por conseguinte, o ensino das ciências da computação coloca uma maior ênfase no desenvolvimento de competências de resolução de problemas e de pensamento crítico. Assim, no ensino da informática, é importante adquirir conhecimentos práticos sobre técnicas e estratégias de programação, para além da aquisição de conhecimentos teóricos sobre a matéria.

2.1.4.1 Conhecimento da matéria no ensino da informática

Os estudantes de informática são obrigados a obter conhecimentos de diferentes tipos, uma vez que têm de conceber algoritmos para determinados problemas e, em seguida, implementar esses algoritmos escrevendo um programa de computador numa linguagem de programação. Uma programação informática bem sucedida requer não só conhecimentos de pensamento matemático abstrato e de raciocínio lógico (Harkins, 2008; Hu, 2004); requer também competências de resolução de problemas e de pensamento crítico (Crews & Zieger, 1998). Prasad e Fielden (2002) afirmam que a programação de computadores também requer as mesmas competências necessárias para a linguagem (compreensão, leitura e escrita) e para a arte (criatividade e capacidade de composição). Além disso, argumentam que a programação está também relacionada com o domínio da psicologia e dos negócios.

A aprendizagem da programação de computadores é um processo difícil (Esteves, Morgado, Martins & Fonseca, 2006; Jenkins, 2002). Hu (2004) afirma que a programação é considerada tão difícil de aprender como uma língua estrangeira, mesmo quando escrita em inglês. Geralmente, os alunos estão habituados a cursos que dependem sobretudo de conhecimentos teóricos e de memorização, mas a aprendizagem da programação necessita de uma abordagem mais prática, baseada principalmente em actividades de resolução de problemas (Esteves et al., 2006). Para se tornar um bom programador, os alunos devem adquirir uma série de capacidades que vão para além do conhecimento da semântica e da sintaxe de uma linguagem de programação (Esteves et al., 2006). Ben-Ari e Sajaniemi (2003) defendem que os alunos devem também aprender como as construções da linguagem funcionam em conjunto para implementar a solução de um problema. Isto requer o conhecimento de algoritmos, bem como o conhecimento de técnicas e paradigmas de programação (Ben-Ari & Sajaniemi, 2003).

Para ensinar programação, os formadores precisam não só de ensinar a conceber programas e a escrever código para processar dados, mas também de permitir que os alunos vejam, testem e compreendam como o código é executado e funciona com os dados (Hu, 2004). Davies (1993) fez a distinção entre conhecimentos de programação (de natureza declarativa, por exemplo, ser capaz de dizer como funciona um ciclo "while"[2]) e estratégias de programação (a forma como os conhecimentos são utilizados e aplicados, por exemplo, utilizar adequadamente um ciclo "while" num programa).

O conhecimento é definido (Knowledge, n.d.) de várias formas como (1) perícia e competências adquiridas por uma pessoa através da experiência ou da educação; a compreensão teórica ou prática de um assunto, (2) o que é conhecido num domínio específico ou no total; factos e informações ou (3) consciência ou familiaridade adquirida pela experiência de um facto ou situação. Broberg (2000) salientou que o conhecimento é um conceito complexo e que um dos aspectos da complexidade é a vasta gama de tipos de conhecimento. De acordo com Byrnes (1999, 2003), o termo conhecimento refere-se a três tipos de estruturas de informação que são armazenadas na memória de longo prazo. Byrnes (1999, 2003) e Shavelson, Ruiz-Primo e Wiley (2005) designaram estes tipos de conhecimento: conhecimento declarativo ou "saber que", conhecimento processual

---

[2] Um ciclo "while" é uma instrução de fluxo de controlo que permite que o código de programação seja executado repetidamente com base numa determinada condição booleana.

ou "saber como" e conhecimento concetual ou "saber porquê".

Neef, Siesfeld e Cefola (1998) propuseram que é importante fazer uma distinção entre o conhecimento como informação mais ou menos complexa e o conhecimento como um conjunto de aptidões e competências. No seu livro *The Economic Impact of Knowledge (O Impacto Económico do Conhecimento)*, distinguiram três tipos de conhecimento: saber o *quê*, *saber fazer* e saber porquê.

O *saber-fazer* refere-se ao conhecimento sobre "factos" (Johnson, Lorenz & Lundvall, 2002; Neef et al., 1998) e é rico em informações sobre actividades e relações (Lee & Strong, 2004). O saber-fazer refere-se a competências, ou seja, à capacidade de fazer algo (Johnson, et al., 2002; Neef et al., 1998; Sanchez, 1997) e, por conseguinte, é um modo de conhecimento baseado em procedimentos (Lee & Strong, 2004). Neef et al. (1998) explicaram que o conhecimento do "saber porquê" "refere-se ao conhecimento científico dos princípios e leis do movimento na natureza, na mente humana e na sociedade" (p. 116). O conhecimento do "saber *porquê*" diz respeito à compreensão das razões e dos princípios subjacentes ao desempenho das actividades (Garud, 1997). Broberg (2000) afirma que existe uma diferença entre saber como realizar um processo e compreender por que razão o processo conduz a um determinado efeito. Garud (1997) argumentou que cada tipo de conhecimento é adquirido por meios diferentes: saber o *quê* através de um processo de aprendizagem pela utilização, saber como através de um processo de aprendizagem pela ação e saber *porquê* através de um processo de aprendizagem pelo estudo.

Para que a aprendizagem da informática e da programação de computadores seja mais bem sucedida, os alunos devem adquirir conhecimentos e competências destes três tipos diferentes. Devido à natureza complexa do ensino da informática, os estudantes de informática foram a população escolhida para esta investigação.

2.1.4.2 Competências de colaboração no ensino da informática

Para além da aquisição de diferentes tipos de conhecimentos, o desenvolvimento de competências de colaboração é fundamental no ensino das ciências da computação, uma vez que os alunos trabalham frequentemente em grupos para desenvolver algoritmos e projectos de software. As competências de colaboração são importantes porque, para trabalhar com sucesso com os outros, os alunos precisam de desenvolver competências de colaboração, tais como pedir ajuda, argumentar e dar opiniões, e discordar educadamente. Hazzan (2005) sublinhou a importância do aspeto humano nos processos de desenvolvimento de software. Argumentou que a intangibilidade do software influencia quase todas as actividades realizadas no decurso do desenvolvimento de software e, por conseguinte, a comunicação verbal entre colegas de equipa é fundamental. A literatura de investigação concluiu que a aprendizagem da informática é uma atividade inerentemente social, uma vez que as boas soluções não são desenvolvidas isoladamente; em vez disso, envolvem interação e colaboração com outros estudantes (McDougall & Boyle, 2004).

McKinney e Denton (2006) investigaram a aprendizagem colaborativa num curso introdutório de programação na Escola de Informática e Ciências da Informação da Universidade do Sul do Alabama. Os alunos participaram em experiências de aprendizagem em colaboração através da resolução de problemas em equipa, do planeamento de projectos e da programação em pares . Os resultados confirmam a investigação anterior, segundo a qual a utilização precoce da aprendizagem colaborativa conduz a um maior interesse, maior retenção e melhor desempenho académico dos alunos (McKinney & Denton, 2006; Teague & Roe, 2008). Foram também referidos outros benefícios, como a diversão, uma aprendizagem mais profunda e um maior sentimento de pertença. Afirmaram ainda que estes benefícios eram usufruídos por todos os alunos, mas eram particularmente importantes para os alunos do primeiro ano que estão em risco de abandonar a disciplina. O estudo de McKinney e Denton (2006) confirmou que os estudantes de informática podem beneficiar da incorporação precoce da aprendizagem colaborativa, uma vez que pode levar ao desenvolvimento precoce de competências de colaboração, o que pode preparar os estudantes para experiências de grupo em cursos subsequentes e carreiras futuras.

Também Benaya e Zur (2007) estudaram vários aspectos da programação colaborativa na Universidade Aberta de Israel, que é uma instituição de ensino à distância, no curso "Advanced Programming in Java Workshop". Descobriram que, se pudessem escolher, uma grande percentagem de estudantes preferia trabalhar em colaboração a trabalhar sozinhos num projeto de programação. A investigação mostrou também que os projectos em colaboração eram concluídos em menos tempo do que os projectos a solo e que a nota média dos projectos realizados em colaboração era mais elevada do que a nota média recebida pelos alunos que trabalharam sozinhos. Benaya e Zur (2007) também afirmaram que a programação colaborativa é uma competência extremamente importante que deve ser desenvolvida no ensino pré-graduado, a fim de apoiar os alunos em futuros trabalhos de grupo.

Em 2007, foi realizado um inquérito a 170 estudantes do primeiro ano de programação na Universidade de Tecnologia de Queensland, na Austrália (Teague & Roe, 2007). Os resultados reflectiram uma preferência semelhante pela colaboração, com mais de 80% dos estudantes a identificarem como benefícios da colaboração: (1) a existência de uma caixa de ressonância para discutir ideias e desenvolver um plano de ataque, (2) o facto de os outros aprenderem com os seus erros e vice-versa, (3) o desenvolvimento de competências de programação sólidas e a manutenção dos outros no caminho certo, e (4) o facto de um ambiente socialmente interativo ser mais divertido (Teague & Roe, 2007, p. 14).

De um modo geral, a investigação sobre a integração da programação colaborativa nos cursos de informática apresentou resultados positivos relacionados com a aprendizagem dos alunos. Os alunos produziram melhores projectos de programação em menos tempo e com menos frustração e, em alguns casos, obtiveram notas mais elevadas na disciplina (Benaya & Zur, 2007; Harkins, 2008; McDowell, Werner, Bullock & Fernaid, 2002; McKinney & Denton, 2006; Teague & Roe, 2007). Foram referidos alguns aspectos negativos relativamente à programação colaborativa em cursos de informática, que incluem dificuldades de agendamento, parceiros incompatíveis (Bevan, Werner & McDowell, 2002) e participação desigual (Thomas, Ratcliffe, & Roberstson, 2003).

A integração de actividades de aprendizagem em colaboração nos cursos em linha pode melhorar a compreensão dos alunos e o processo de ensino e aprendizagem (Gokhale, 1995; Harasim, 2000; Ruhleder & Twidale, 2000; Schulz, 2003). A colaboração em linha é também importante para o trabalho futuro, uma vez que as pessoas têm frequentemente de trabalhar em colaboração em projectos, utilizando ferramentas de CMC, num esforço para ultrapassar os constrangimentos da distância, dos fusos horários e das fronteiras organizacionais. Para além disso, o trabalho colaborativo proporciona benefícios no desenvolvimento de competências esperadas no futuro local de trabalho (Benaya & Zur, 2007; Ben-Jacob et al., 2000; McKinney & Denton, 2006).

2.1.4.3 Relevância para o ensino da informática: Resumo

Em suma, o ensino das ciências da computação coloca uma ênfase considerável na aquisição de competências e conhecimentos de diferentes tipos. Além disso, o desenvolvimento de competências de colaboração pelos alunos é valioso na aprendizagem da informática, uma vez que os alunos trabalham normalmente em grupos no desenvolvimento de algoritmos e na implementação de projectos de software. A colaboração é também importante na aprendizagem em linha, porque promove interações eficazes entre os participantes.

2.2 Estudos de investigação relacionados

Este estudo debruçou-se sobre a utilização de um fórum de discussão estruturado em cursos online de informática e o seu impacto na aquisição de diferentes tipos de conhecimentos pelos alunos e na melhoria das suas competências de colaboração. Os estudos de investigação referidos nesta secção abordaram a interação em linha, a utilização de ferramentas de CMC em cursos em linha e a influência dos fóruns de discussão assíncronos em geral e dos fóruns de discussão estruturados em particular na aprendizagem dos alunos e na melhoria das suas competências.

2.2.1 Interação na aprendizagem em linha

O construtivismo enfatiza a interação social como base para a construção do conhecimento. A maioria dos educadores concorda que a interação e o debate entre os estudantes e o seu formador e entre os próprios estudantes são fundamentais para promover e melhorar a aprendizagem em linha (Anderson, 2003; Curtis & Lawson, 2001; Gokhale, 1995; Harasim, 2000; McAlpine, 2000; Muirhead & Juwah, 2004; Palloff & Pratt, 1999, 2007; Trentin, 2000; Swan, 2002). De acordo com Walls (2005), a falta de interação é um impedimento importante para a eficácia dos cursos em linha.

A interação pode ser descrita em termos dos actores que participam na interação (Anderson, 2008). Moore (1989) distinguiu pela primeira vez os três tipos mais comuns de interações que apoiam a aprendizagem em cursos em linha: *interação formando-conteúdo,* a capacidade de os formandos interagirem com o conteúdo ou com o objeto de estudo; *interação formando-instrutor*, a capacidade de os formandos comunicarem com os seus instrutores e receberem feedback dos mesmos; *interação formando-aprendente,* a capacidade de os formandos comunicarem entre si em torno do conteúdo para criar uma comunidade de aprendizagem ativa (Anderson, 2008; Swan, 2002). Nos cursos em linha, nenhum dos três tipos de interação funciona de forma independente e, por isso, é importante planear os três tipos de interação e não apenas alguns deles (Moore, 1989; Swan, 2002). Swan (2002) argumentou que a interação entre os alunos é apoiada pela facilitação e assistência do formador, que, por sua vez, se centra no conteúdo do curso.

Anderson e Garrison (1998) alargaram estes três tipos de interações para incluir interações professor-professor, professor-conteúdo e conteúdo-conteúdo. *A interação professor-professor* centra-se nos esforços de desenvolvimento profissional dos professores para se envolverem mutuamente, a fim de melhorarem as suas próprias capacidades pedagógicas (Woods & Baker, 2004). *A interação professor-conteúdo*, geralmente vista como um pré-requisito para o curso em linha, centra-se na criação pelo professor do conteúdo do curso e das actividades de aprendizagem associadas, bem como na capacidade do professor para monitorizar, construir e atualizar os recursos e actividades do conteúdo do curso (Anderson, 2008). A crescente sofisticação das ferramentas em linha, tais como bases de dados, motores de busca e agentes inteligentes, introduziu a *interação conteúdo-conteúdo* (Anderson & Garrison, 1998). Anderson (2008) mencionou que este tipo de interação "é um modo novo e em desenvolvimento de interação educativa em que o conteúdo é programado para interagir com outras fontes de informação automatizadas para se atualizar constantemente e adquirir novas capacidades, através de actualizações e interação com outras fontes de conteúdo" (p. 59).

Embora cada um dos tipos de interação mencionados desempenhe uma função educativa significativa, a interação com o aprendente é considerada a mais importante, especialmente se for adoptada uma abordagem centrada na aprendizagem, no âmbito de um quadro construtivista social.

Num grande estudo com 3800 alunos inscritos em 264 cursos assíncronos em linha oferecidos pela Universidade Estatal de Nova Iorque na primavera de 1999, Swan (2002) analisou os documentos dos cursos e pediu aos alunos que preenchessem questionários classificando as suas percepções dos cursos em várias dimensões, incluindo a aprendizagem, a interação com os colegas, a interação com o formador e o seu nível de atividade pessoal (Wallace, 2003). Em 73 cursos (selecionados com base na dimensão do curso e na taxa de respostas) com 1108 alunos,

Swan encontrou correlações significativas entre diversas variáveis de pesquisa. Quanto mais interação os alunos acreditavam ter com o instrutor, mais satisfeitos estavam com os seus cursos e mais pensavam ter aprendido (Wallace, 2003). Além disso, foram encontradas correlações significativas para as crenças sobre as interações com outros estudantes: quanto maior a interação com outros estudantes, maior a perceção de aprendizagem e maior a satisfação com o curso. O investigador também encontrou uma correlação significativa entre os níveis de atividade relatados pelos alunos no curso e a satisfação e aprendizagem relatadas. Ao analisar os documentos do curso, Swan encontrou correlações significativas entre uma maior consistência estrutural no curso e os resultados dos alunos, a satisfação e a perceção da aprendizagem. Neste estudo, concluiu que os três factores seguintes contribuem significativamente para o sucesso dos cursos em linha: "uma estrutura de curso clara e consistente, um instrutor que interage frequente e construtivamente com os alunos e uma discussão valorizada e dinâmica" (Swan, 2002, p. 34). Estas conclusões do estudo, que são consistentes com as conclusões da investigação sobre CMC e aprendizagem assíncrona em linha (Swan, 2002), apoiam a importância da interação para o ensino e a aprendizagem em linha.

Na aprendizagem em linha, é, portanto, essencial encontrar formas de organizar os cursos em linha de modo a melhorar a interação e a colaboração entre os estudantes. MacKnight (2000) afirma que as actividades de colaboração em linha têm o potencial de aumentar a interação, o debate e a reflexão dos estudantes. Walls (2005) defendeu que uma estratégia fundamental para melhorar a interação nos cursos em linha consiste em enfatizar a interação aprendente-aprendente através de pequenos grupos.

Neste estudo, as questões de investigação denotam um interesse na forma como as interações e discussões estruturadas entre os alunos, que são facilitadas por actividades de aprendizagem colaborativa, podem ter impacto na aquisição de conhecimentos pelos alunos e na melhoria das suas competências de colaboração.

Assim, todos os três tipos de interações especificados por Moore (1989) e a interação professor-conteúdo especificada por Anderson e Garrison (1998), apoiados pela teoria do construtivismo, desempenham um papel importante na estruturação dos debates no âmbito dos cursos em linha ministrados neste estudo.

2.2.2 Abordagens síncronas versus assíncronas

As ferramentas de comunicação mediada por computador (CMC) são frequentemente utilizadas em ambientes educativos para apoiar a interação e a colaboração entre os participantes. A interação e a discussão são importantes para o processo de aprendizagem em linha (Palloff & Pratt, 1999, 2007) e são identificadas como um elemento crucial na criação de presença social em cursos em linha (Kanuka & Anderson, 1998). Esta interação pode ser levada a cabo através de diferentes ferramentas de CMC. Uma das principais distinções que foram feitas na CMC foi entre comunicação síncrona e assíncrona (Johnson, 2006; Romiszowski & Mason, 2004). Enquanto a comunicação síncrona (por exemplo, chat) ocorre em tempo real e requer a participação simultânea de alunos e professor (Romiszowski & Mason, 2004; Thurlow, Lengel & Tomic, 2004), a comunicação assíncrona (por exemplo, fórum de discussão assíncrono) ocorre em tempo diferido e não requer a participação simultânea de alunos e professor (Branon & Essex, 2001; Sabau, 2005). Nos contextos assíncronos, os alunos experienciam de forma independente os eventos de aprendizagem e a aprendizagem não está sincronizada no tempo ou no espaço (Johnson, 2006).

Kalman e Rafaeli (2007) sugeriram que a divisão tradicional dos meios de comunicação CMC em duas categorias, meios síncronos e meios assíncronos, tem de ser reexaminada. Kalman (2007) argumentou que as tendências recentes sobre a forma como os utilizadores utilizam efetivamente as ferramentas de CMC mostram que "os meios de comunicação são efetivamente utilizados em vários níveis de sincronia, e não apenas num único nível; que existem níveis intermédios de sincronia que vão desde o altamente síncrono ao altamente assíncrono; e que o nível de sincronia não é apenas uma função do meio utilizado, mas também das decisões tomadas pelos utilizadores" (p. 190). Por exemplo, um meio assíncrono tradicional como o correio eletrónico pode ser utilizado de forma síncrona para uma troca rápida de pensamentos e ideias e um meio tradicional como o chat pode ser utilizado para comunicar de forma assíncrona (Kalman, 2007; Kalman & Rafaeli, 2007).

De acordo com Andresen (2009), é possível que vários estudantes e o professor estejam em linha ao mesmo tempo, o que permite que uma discussão assíncrona ocorra muito perto do tempo real. Kalman e Rafaeli (2007) assumiram que a escolha do meio de comunicação resulta menos do seu nível de sincronicidade e mais de variáveis como a disponibilidade, o contexto, o custo e a segurança. Assim, argumentaram que o nível de sincronicidade não é, de facto, um atributo de uma tecnologia específica (correio eletrónico, chat, fórum de discussão).

Na aprendizagem em linha, a comunicação síncrona oferece imediatismo e espontaneidade. Aumenta a presença social e o sentido de uma comunidade de aprendizagem, para além de criar discussões vibrantes e dinâmicas (Bates, 2005; Johnson, 2006; Rudestam & Schoenholtz-Read, 2010). Branon e Essex (2001) apresentaram os resultados de um inquérito a educadores à distância a quem foi pedido que explicassem as razões que os levaram a selecionar os tipos de comunicação. A comunicação síncrona foi citada pelos inquiridos como a mais eficaz para "realizar horas de trabalho virtuais, tomar decisões em equipa, fazer brainstorming, criar comunidades e lidar com questões técnicas" (p. 36). As restrições identificadas associadas a este tipo de meio de comunicação incluíam "pôr os alunos em linha ao mesmo tempo, dificuldade em moderar conversas em grande escala, falta de tempo de reflexão para os alunos e intimidação de quem escreve mal" (p. 36). A natureza da comunicação assíncrona permite que os alunos tenham mais tempo para refletir sobre o tema ou a discussão, mais oportunidades para a construção de conhecimentos e, por conseguinte, incentiva um diálogo mais aprofundado e construtivo (Andresen, 2009; Garrison, 1997);

Geer, 2003; Girasoli & Hannafin, 2008; Johnson, 2006; Lim & Tan, 2001; Sabau, 2005). Permite também aos estudantes trabalhar quando e onde quiserem, ao seu próprio ritmo (Berge, 1999; Sabau, 2005; Girasoli & Hannafin, 2008) e investir tanto tempo e esforço quanto necessário, de acordo com o seu ritmo (Frank & Barzilai, 2008). De acordo com Gokhale (1995), a natureza assíncrona do meio permite tempo para respostas ponderadas, pelo que as competências de pensamento crítico são reforçadas. A utilização da comunicação assíncrona também permite que os estudantes recorram mais facilmente a recursos externos para obterem mais informações sobre o tema em estudo e para poderem fundamentar os seus argumentos com trabalho académico (Al-Shalchi, 2009). A investigação revelou que os alunos faziam uma pesquisa adicional antes de fazerem um comentário, porque não queriam parecer pouco inteligentes perante os seus colegas quando sentiam que não tinham conhecimentos suficientes sobre o assunto em causa (Du, Zhang, Olinzock, & Adams, 2008). Num inquérito realizado a educadores à distância, a comunicação assíncrona (em comparação com a comunicação síncrona) foi considerada útil para "encorajar uma discussão aprofundada e mais ponderada; comunicar com alunos temporalmente diferentes; manter discussões contínuas quando é necessário arquivar; e permitir que todos os alunos respondam a um tópico" (Branon & Essex, 2001, p. 36). As limitações identificadas associadas à comunicação assíncrona incluíam "a falta de feedback imediato, o facto de os alunos não se registarem com frequência suficiente, o tempo necessário para o debate amadurecer e o sentimento de isolamento dos alunos"

(p. 36).

Dede e Kremer (1999) concluíram, com base num inquérito sobre as preferências dos estudantes, que o modelo assíncrono era claramente favorecido pelos seus "tipos de intercâmbio mais ricos e inclusivos" (p. 4), mas exigia mais tempo e proporcionava menos interação social do que a comunicação síncrona. Motteram (2001) argumentou que "as ferramentas síncronas são mais eficazes para o lado 'social' da educação e que as ferramentas assíncronas são melhores para lidar com os aspectos 'académicos' do curso" (p.l). De acordo com Rudestam e Schoenholtz-Read (2010), os líderes da comunidade educativa que se identificam com uma abordagem construtivista da aprendizagem favoreceram claramente o formato assíncrono de comunicação. Parece, portanto, que a comunicação assíncrona é preferível para facilitar a aprendizagem em linha.

2.2.2.1 Fóruns de discussão assíncronos

Nos cursos em linha, podem ser utilizadas diferentes ferramentas assíncronas de CMC (como: correio eletrónico, fóruns de discussão, wikis, blogues) para apoiar a aprendizagem. A ferramenta assíncrona mais utilizada com o objetivo de aumentar a interação e a colaboração entre os participantes num curso em linha é o fórum de discussão. Os fóruns de discussão são ferramentas que promovem um ambiente de aprendizagem colaborativa, em que os participantes interagem negociando, debatendo, revendo e reflectindo sobre os conhecimentos existentes, e são capazes de construir uma compreensão mais profunda do conteúdo do curso (Biesenbach-Lucas, 2004; Geer, 2003; Vonderwell, 2003). De acordo com Kanuka e Anderson (1998), estas interações podem levar à criação de comunidades de aprendentes. Os fóruns de discussão são também utilizados para responder a perguntas colocadas pelos alunos e para estabelecer debates centrados no conteúdo de um curso em linha. Através da troca de mensagens abertas, proporcionam uma interação de alto nível em várias dimensões, incluindo a interação aluno-aluno, aluno-professor e professor-aluno (Dringus & Ellis, 2004).

A participação num fórum de discussão exige que os alunos se envolvam ativamente no conteúdo do curso e nas actividades de aprendizagem e, através da interação com os seus pares, negoceiem os significados do conteúdo (Hopperton, 1998). Os fóruns de discussão também permitem a criação de conhecimento colaborativo, uma vez que os alunos podem trabalhar em conjunto, trocar informações, partilhar recursos e ideias e comentar o trabalho uns dos outros (Preece, 2000). Markel (2001) defende que os alunos constroem conhecimento através das experiências partilhadas que cada participante traz para as discussões colaborativas. Assim, a interação num fórum de discussão pode resultar na colaboração entre os participantes, onde o conhecimento pode ser adquirido e trocado.

Apesar destas vantagens, a utilização de fóruns de discussão assíncronos tem, no entanto, os seus inconvenientes. De acordo com Wozniak e Silveira (2004), os estudos que analisaram o nível e o tipo de interação utilizada pelos alunos nos fóruns de discussão assíncronos concluíram que os alunos não tiram o máximo partido das oportunidades que lhes são oferecidas e que os professores têm de dedicar muito tempo à supervisão do processo. Os investigadores referiram que as mensagens ficam muitas vezes sem resposta por parte dos colegas (Ellis, 2001; Vonderwell, 2003), que os alunos podem facilmente adotar o papel de "espreitadores" em vez de participarem ativamente na discussão (Hara, et al., 2000) e que os alunos repetem muitas vezes pontos já apresentados por outros participantes (Veerman, 2003). Assim, é necessária uma orientação e um apoio contínuos consideráveis por parte do professor, que vão desde a ajuda à navegação dos alunos, à clarificação das expectativas, ao estímulo do pensamento crítico e ao encorajamento (Al-Shalchi, 2009; Lail & Lumb, 2010; Pisutova-Gerber & Malovicova, 2009; Wu & Hiltz, 2004).

Uma análise da aprendizagem em linha efectuada por Tallent-Runnels et al. (2006) concluiu que "a aprendizagem dos alunos no ambiente em linha é afetada pela qualidade da instrução em linha. Não é de surpreender que os estudantes de cursos em linha bem concebidos e bem implementados tenham aprendido significativamente mais, e de forma mais eficaz, do que os de cursos em linha em que as actividades de ensino e aprendizagem não foram cuidadosamente planeadas e em que a entrega e a acessibilidade foram impedidas por problemas tecnológicos" (p. 116). Também Wallace (2003) analisou a literatura sobre a aprendizagem em linha no ensino superior e sugeriu áreas para investigação futura. Uma dessas áreas úteis apontava para o estudo dos efeitos da estruturação do discurso (agrupamento, dimensão da turma e organização) na aprendizagem dos alunos e na criação de uma comunidade nos cursos em linha. Spatariu, Quinn e Harley

(2007) analisaram a investigação sobre os factores que têm impacto nos aspectos da qualidade dos debates em linha e apresentaram as duas conclusões seguintes: (1) as estruturas de aprendizagem em colaboração, os tipos de mensagens e a utilização de problemas abertos podem influenciar os aspectos da qualidade dos debates em linha, e (2) "certas intervenções (tutoria e andaimes entre pares e estruturação do grupo) parecem influenciar o pensamento crítico e os padrões de interação dos alunos" (p. 47).

Os profissionais continuam a questionar-se sobre a melhor forma de integrar os debates nos cursos em linha para atingir os objectivos de aprendizagem. Garrison (1997) argumentou que as abordagens colaborativas e construtivistas da aprendizagem não se concretizam com a simples disponibilização da tecnologia. Anderson (2008) afirmou que uma das funções críticas que um formador desempenha num curso de aprendizagem em linha é a criação e implementação de estratégias que incentivem o discurso entre os participantes e entre estes e os recursos de conteúdo. De acordo com Lail e Lumb (2010), um curso em linha eficaz inclui a utilização de estratégias de ensino em linha que incorporam o discurso como parte do projeto pedagógico. Por conseguinte, é importante estruturar os fóruns de discussão assíncronos, a fim de proporcionar uma base para discussões críticas e pensamento crítico (Brooks & Jeong, 2006; Lee-Baldwin, 2005) e para melhorar a aprendizagem nos cursos em linha.

Ao planear discussões em linha, os estudos (Akin & Neal, 2007; Al-Shalchi, 2009; Lail & Lumb, 2010) sugeriram vários aspectos a que os formadores se devem centrar para que a discussão seja eficaz e bem sucedida e para assegurar uma experiência de aprendizagem de elevada qualidade para os alunos. Estes aspectos incluem:

- **Instruções claras:** os professores devem fornecer aos alunos instruções claras e simples para os debates em linha que não causem confusão entre os alunos (Rose & Smith, 2007).
- **Feedback do instrutor:** os instrutores também precisam de dar feedback regular e orientação aos alunos sobre a sua participação no fórum de discussão (Lail & Lumb, 2010) e verificar se os alunos precisam de esclarecimentos sobre algo, bem como esclarecer o assunto (Al-Shalchi, 2009).

Fornecer aos alunos o feedback do instrutor permite-lhes monitorizar o seu desempenho e tomar medidas corretivas, se necessário (Anderson, 2008).

- **Promover a motivação:** os professores devem encontrar formas de motivar os alunos a contribuírem para os debates. Os alunos também devem ser informados pelo professor sobre a forma como serão avaliados relativamente à sua participação no fórum de discussão (Al-Shalchi, 2009; Dennen, 2000).

- **Expectativas:** além disso, é importante definir expectativas claras e corretas para os alunos (Al- Shalchi, 2009). Roper (2007) afirmou que "os professores que estabelecem expectativas claras quanto à forma como as discussões por tópicos são utilizadas ou que fazem perguntas específicas em resposta às mensagens dos alunos podem esperar incentivar um diálogo em linha mais rico" (p. 64).

- **Organização:** a organização da discussão desempenha um papel importante no processo de desenvolvimento. As discussões organizadas por tópicos ajudam os alunos a encontrar a informação que estão a procurar (Al-Shalchi, 2009). Também é recomendável dividir o conteúdo do curso em vários módulos, sendo que cada módulo aborda tópicos estreitamente relacionados (Lail & Lumb, 2010).

- **Tipo de pergunta:** Finalmente, o tipo de pergunta colocada no fórum de discussão ajuda a determinar se haverá ou não participação dos alunos (Al-Shalchi, 2009). Akin e Neal (2007) sugerem que deve haver uma variedade de perguntas colocadas no fórum de discussão. Algumas perguntas podem pedir aos alunos que dêem a sua opinião ou que relatem a sua experiência com o assunto que está a ser debatido; outras perguntas podem pedir aos alunos que avaliem o seu próprio trabalho ou o trabalho de outros; e algumas perguntas devem ser escritas pelos alunos e os colegas devem responder-lhes (Akin & Neal, 2007). Todo este processo deve ser realizado com a orientação do professor para garantir que os alunos compreenderam corretamente o material e que os objectivos da aula estão a ser cumpridos (Al-Shalchi, 2009). Roper (2007) investigou cinquenta e nove estudantes licenciados que obtiveram os seus diplomas frequentando 80% ou mais das suas disciplinas exclusivamente em linha. Os estudantes receberam um inquérito com perguntas abertas, permitindo-lhes descrever técnicas de aprendizagem em linha que consideravam úteis e contar as histórias das suas experiências como estudantes em linha. Entre outras explicações, um aluno afirmou que "as discussões semanais eram melhores quando o professor as encorajava, especialmente através de discussões a favor e contra, ou fazendo perguntas 'porquê' ou 'como'" (p. 63). Especialmente nos cursos de informática, as perguntas do tipo "*como*" e "*porquê*" são valorizadas devido à natureza da disciplina.

2.2.2.1.1 Fóruns de discussão não estruturados e estruturados

Um fórum de discussão pode ser não estruturado ou estruturado. Um fórum de discussão não estruturado não inclui discussões planeadas, nem fornece regras para a interação e colaboração entre os participantes. É utilizado principalmente para fazer perguntas e obter respostas e feedback dos participantes e não para publicar tópicos de discussão (Yang et al., 2008). Por vezes, é utilizado pelos alunos para comunicação pessoal com os seus pares. Em contrapartida, um fórum de discussão estruturado proporciona discussões bem concebidas, organizadas e planeadas com tópicos e objectivos específicos (Yang et al., 2008) e tem regras claras de interação, colaboração e etiqueta (Biesenbach-Lucas, 2004; Brooks & Jeong, 2006).

Existe um consenso geral de que a utilização de fóruns de discussão para fazer e responder a perguntas (modo não estruturado) não será eficaz para a aquisição de conhecimentos e competências. Ali e Salter (2004) sugeriram que pedir simplesmente aos alunos que respondam a um determinado tópico ou pergunta de um instrutor não é suscetível de gerar um ambiente de aprendizagem colaborativa eficaz. Também argumentaram que os alunos podem não alcançar os resultados de aprendizagem esperados sem uma estrutura e gestão adequadas dos debates em linha. Wozniak e Silveira (2004) realizaram uma investigação sobre a interatividade entre alunos em fóruns de discussão assíncronos. A população da investigação era constituída por estudantes do terceiro ano de licenciatura em ortóptica da escola de ciências da visão aplicadas da Universidade de

Sydney. Os estudantes participaram em pequenos grupos de discussão com um máximo de oito estudantes, enquanto o moderador eletrónico fornecia casos clínicos com uma série de perguntas relevantes para o conteúdo da disciplina. Esta investigação mostrou que a interatividade entre alunos pode ser mais eficaz quando a CMC é bem estruturada, com uma orientação inicial dos alunos para o ambiente de aprendizagem em linha e para as actividades de aprendizagem, mostrando-lhes como utilizar a discussão assíncrona de forma mais eficaz e eficiente.

Vonderwell, Liang e Aiderman (2007) afirmaram que é necessário investigar a forma como os fóruns de discussão são utilizados ou podem ser utilizados para uma aprendizagem bem sucedida. MacKnight (2000) afirmou que os alunos que participam num fórum de discussão ficam confusos ou perdem o interesse quando uma discussão é mal estruturada ou não existe um processo concebido para melhorar o seu pensamento crítico. De acordo com Black (2005), a maioria dos fóruns de discussão em linha consiste na partilha e comparação de informações, com poucos indícios de análise crítica ou de pensamento de ordem superior. Segundo ele, os professores precisam de estruturar a discussão em linha para que esta se torne um fórum de comunicação e de pensamento crítico. Por conseguinte, um dos principais desafios enfrentados pelo professor em contextos de aprendizagem em linha é como estruturar os fóruns de discussão de modo a envolver os alunos num discurso significativo (Black, 2005; Gilbert & Dabbagh, 2005; Thomas, 2002; Wallace, 2003).

Embora haja pouca investigação sobre o impacto dos fóruns de discussão na aprendizagem, as opiniões expressas por muitos educadores sugerem que os fóruns de discussão estruturados são mais eficazes para melhorar as competências de pensamento crítico do que os fóruns não estruturados. Aviv et al. (2003) investigaram o papel e o poder das discussões estruturadas assíncronas em linha. A sua investigação foi realizada em dois cursos académicos com a duração de três meses mantidos pela Universidade Aberta de Israel nos anos 2000 e 2002. No primeiro curso (com 18 participantes) foi utilizado um fórum de discussão assíncrono formal, estruturado e fechado. Ao inscreverem-se neste curso, os estudantes comprometeram-se a participar ativamente. A discussão estruturada foi concebida como uma sequência de cinco passos, sendo a sequência controlada pelo instrutor de acordo com o calendário prescrito. Na primeira etapa, os alunos deviam identificar as facetas do problema, debater soluções e propor uma síntese. Nas três etapas seguintes, a solução sintetizada deveria ser testada em relação a vários princípios. Na última etapa, deveria ser apresentado um resumo da proposta. No segundo curso (com 19 participantes), foi utilizado um fórum de discussão assíncrono, informal e não estruturado. Não foi pedido aos alunos que se registassem ou se comprometessem antecipadamente e não foi definido qualquer objetivo de colaboração específico para este fórum de discussão. Os investigadores concluíram que os debates estruturados foram associados aos níveis mais elevados de pensamento complexo e crítico, em comparação com os debates não estruturados.

Gilbert e Dabbagh (2005) examinaram o impacto da estruturação de fóruns de discussão on-line sobre o discurso significativo. No seu estudo, definiram o discurso significativo como a capacidade de os alunos demonstrarem competências de pensamento crítico ao "(1) relacionarem o conteúdo do curso com conhecimentos e experiências anteriores, (2) interpretarem o conteúdo através da análise, síntese e avaliação da compreensão dos outros, e (3) fazerem inferências" (p. 2). Os participantes eram 87 estudantes inscritos num curso de pós-graduação que decorreu em quatro semestres entre 1999 e 2001 numa grande universidade do meio do Atlântico. Os estudantes foram divididos em quatro cursos, cada curso com um nível diferente de estrutura (estrutura mínima, baixa, média e alta). Os resultados desta investigação mostraram que certos elementos da estrutura, nomeadamente as diretrizes do facilitador, as rubricas de avaliação e os itens do protocolo de conteúdos, influenciaram positivamente o discurso significativo.

Também Yang et al. (2008) investigaram o impacto de discussões estruturadas em linha na melhoria das capacidades de pensamento crítico dos alunos em diferentes fases da aprendizagem. A população da investigação foi constituída por 23 alunos inscritos no mesmo curso em linha num curso de licenciatura em veterinária a distância numa grande universidade dos EUA. O curso estava dividido em três secções, uma com discussões não estruturadas e as outras duas com discussões estruturadas, utilizando uma série de actividades de discussão colocadas no fórum de discussão e facilitadas pelo formador. A principal diferença entre o segundo e o terceiro tratamentos foi o facto de o instrutor ter modelado o questionamento do pensamento crítico durante a segunda metade do semestre no segundo tratamento, enquanto o questionamento do pensamento crítico foi modelado durante a primeira metade do semestre no tratamento três (Yang et al., 2008). Todos os participantes nesta investigação preencheram um inquérito de atitude pré-teste no início do semestre e um inquérito de atitude pós-teste e um questionário aberto no final do semestre. Os resultados desta investigação mostraram que os alunos que participaram nos fóruns de discussão estruturados (tratamento dois e três) melhoraram significativamente as suas capacidades de pensamento crítico do que os alunos que participaram no fórum de discussão não estruturado. Os resultados também indicaram que se o instrutor começasse a modelar e a desafiar o pensamento crítico dos alunos no início da discussão em linha (tratamento três) em vez de a meio do semestre (tratamento dois), os alunos pareciam estar mais motivados para participar e a discussão tendia a ser mais dinâmica e interactiva (Yang etal., 2008).

Outros investigadores, como De Wever, Van Keer, Schellens e Valcke (2010), analisaram a forma como a atribuição de funções (iniciador, resumidor, moderador, teórico e pesquisador de fontes) aos estudantes pode apoiar o processo de construção social do conhecimento em fóruns de discussão assíncronos. Verificaram que este tipo de estruturação é crucial para melhorar os processos de construção do conhecimento em fóruns de discussão quando as funções são introduzidas no início das discussões.

Os estudos acima referidos fornecem provas suficientes de que os fóruns de discussão assíncronos estruturados são mais eficazes para a melhoria das capacidades de pensamento crítico dos estudantes do que os fóruns de discussão não estruturados. No entanto, não é claro como estruturar os fóruns de discussão de modo a tornar a sua utilização pelos alunos mais eficaz para a aquisição de diferentes tipos de conhecimentos e para a melhoria das suas competências de colaboração nos cursos em linha de informática.

2.3 Objetivo do estudo

O objetivo deste estudo foi aumentar a compreensão do modo como os fóruns de discussão estruturados assíncronos influenciam a aprendizagem dos alunos em cursos totalmente online de informática. O estudo propôs um design para a estruturação de fóruns de discussão que promove a interação e a colaboração entre os alunos e teve como objetivo analisar (1) o impacto do fórum de discussão estruturado na aquisição de conhecimentos dos alunos sobre os tipos " *o quê", " como*", e "' *porquê*", (2) o impacto do fórum de discussão estruturado na melhoria das competências de colaboração dos alunos e, (3) se existe uma relação entre a participação ativa dos alunos no fórum de discussão e o nível de conhecimentos que adquiriram no curso online.

Capítulo 3

3. Metodologia

3.1 Conceção do Fórum de Discussão Estruturado

O primeiro passo deste estudo foi desenvolver um plano para a estrutura do fórum de discussão baseado na teoria do construtivismo, em princípios pedagógicos e em princípios de interação e colaboração em grupo. O plano do fórum de discussão estruturado contém os três elementos seguintes (Figura 1): (1) instruções preparatórias sobre a participação individual, (2) instruções sobre a colaboração em grupo e (3) o papel dos instrutores na organização da discussão.

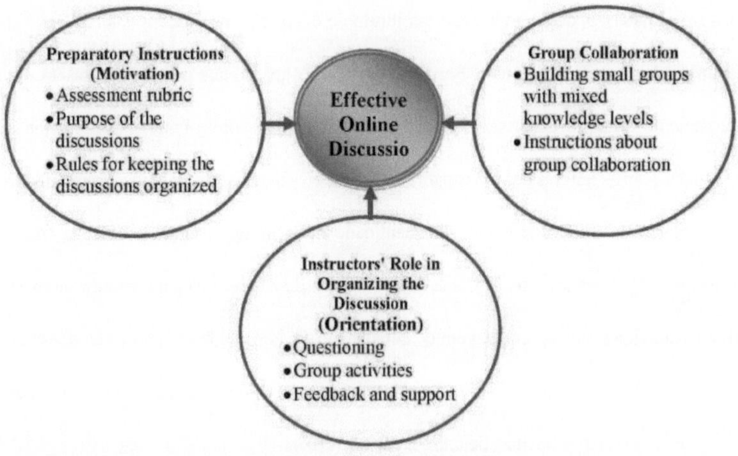

Figura 1: Principais componentes do fórum de discussão estruturado.

3.1.1. Instruções preparatórias sobre a participação individual

No início do curso em linha, os alunos receberam informações sobre a forma como seriam avaliados e outras instruções preparatórias sobre o objetivo do fórum de discussão e a forma de o utilizar. Esta informação pode ser descrita através dos seguintes pontos principais:

- **Rubrica de avaliação:** para além das informações importantes sobre o conteúdo do curso, recursos e outras informações , o programa do curso também mostra aos alunos como serão avaliados durante o curso. Dar aos alunos informações claras sobre a forma como serão avaliados durante o curso dar-lhes-á uma motivação extrínseca que, por sua vez, poderá ter um efeito positivo no seu desempenho e nos resultados da aprendizagem (Dennen, 2000). Esta grelha de avaliação consiste nos seguintes elementos, que também foram explicados numa mensagem separada enviada aos alunos na primeira semana do curso: (1) peso da nota da participação nos fóruns de discussão, (2) peso da nota do exame (pós-teste), (3) peso da nota dos trabalhos individuais e (4) peso da nota do projeto final de grupo.

- **Objetivo do fórum de discussão:** foi claramente explicado aos alunos que o fórum de discussão é utilizado para melhorar a aprendizagem através de uma discussão aprofundada dos tópicos de aprendizagem. Os alunos foram encorajados a trocar informações e ideias entre si e a colocar as suas questões sobre os materiais de aprendizagem no fórum de discussão, de modo a obterem respostas e apoio de outros alunos e do professor. Foi também pedido aos alunos que participassem ativa e consistentemente no fórum de discussão, à hora que lhes fosse mais conveniente, e que relacionassem as suas discussões com as leituras definidas para cada semana. Além disso, os alunos foram informados sobre a importância da qualidade e não da quantidade de mensagens enviadas para o fórum de discussão. Em princípio, o fórum de discussão deveria ser utilizado apenas para discutir os materiais aprendidos e as actividades de aprendizagem do curso e não foi concebido para ter discussões sociais. Os alunos podem continuar a comunicar uns com os outros através de ferramentas **de CMC**, como o correio eletrónico e outras ferramentas de mensagens na Web.

- **Instruções sobre a utilização do fórum de discussão:** a mensagem preparatória enviada aos alunos incluía também regras básicas sobre a utilização do fórum de discussão. O objetivo destas regras era preservar a ordem e a organização dos debates e podem ser resumidas nos seguintes pontos principais:
    - Quando escrever uma resposta a uma determinada mensagem no fórum de discussão, publique-a como uma resposta a essa mensagem, para que os participantes possam facilmente seguir o fio condutor de um tópico.

- Quando introduzir um novo tópico, pergunta ou ideia no fórum de discussão, publique-o como uma nova mensagem que torne o assunto da sua mensagem claro para todos.
- Quando citar, use aspas e inclua a localização do texto original.
- Evite respostas do tipo "sim", "não" ou repetidas, que sobrecarregam o fórum e não contribuem para o debate. Uma vez que este é um fórum de discussão educativo, é importante manter a qualidade das mensagens e não a quantidade.

3.1.2 Instruções sobre a colaboração em grupo

Tal como referido por Ikpeze (2007), a colaboração em grupo permite que os alunos se tornem aprendentes activos em vez de receptores passivos do ensino e ajuda a distribuir a carga cognitiva entre os membros de um grupo através da troca de ideias. Os alunos que trabalham em pequenos grupos tendem a aprender mais do que é ensinado e a retê-lo durante mais tempo do que quando o mesmo conteúdo é apresentado noutro tipo de conceção pedagógica (Johnson & Johnson, 1986; Davis, 1993; Johnson et al., 1991). Os alunos do grupo experimental em cada curso em linha ministrado neste estudo participaram em dois níveis de grupos de discussão. Um nível foi o fórum de discussão de pequenos grupos e o outro nível foi o fórum de discussão central, onde todos os alunos de todos os pequenos grupos participaram em conjunto (Figura 2).

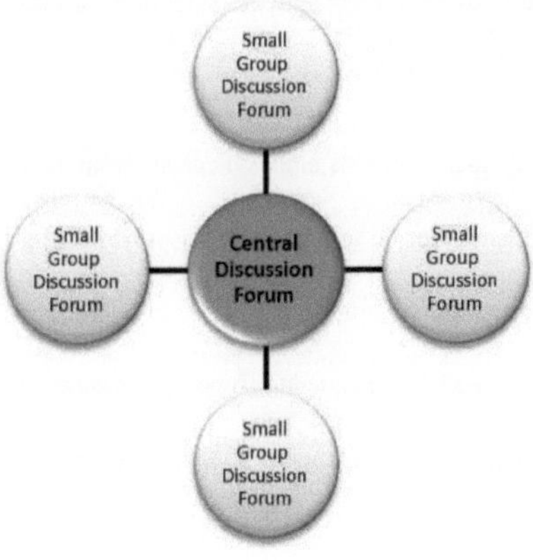

Figura 2. Níveis dos grupos de discussão.

Para cada pequeno grupo, foi criado um fórum de discussão especialmente para apoiar a interação dos alunos e a colaboração em torno dos temas de aprendizagem, das actividades de aprendizagem em grupo e do projeto. Como parte das instruções, os alunos foram encorajados a discutir os temas de aprendizagem e a ajudarem-se mutuamente a compreender os materiais do curso, bem como a trocar informações e a colaborar nas actividades de aprendizagem em grupo. A participação num fórum de discussão de um pequeno grupo só era permitida aos membros desse pequeno grupo e não a outros alunos. O papel do professor nos fóruns de discussão dos pequenos grupos era facilitar a interação dos alunos com os materiais e uns com os outros no seu esforço de construção de conhecimentos. Este papel foi descrito em Benfield (2002) e Mazzolini e Maddison (2003) como um papel mais construtivista de "guia à parte".

Neste estudo, foram constituídos pequenos grupos de alunos de acordo com as seguintes caraterísticas principais:

- **Objetivo do grupo:** foi claramente indicado aos membros de cada pequeno grupo que deveriam trabalhar em conjunto para a construção de um grupo de aprendizagem e tentar maximizar a aprendizagem de cada membro do grupo. Assim, os alunos foram orientados para trabalharem nos seus grupos com o objetivo de partilharem e trocarem informações e conhecimentos, a fim de alcançarem uma compreensão mais profunda das matérias ensinadas e de realizarem as actividades de aprendizagem em grupo exigidas.
- **Dinâmica de grupo:** a dinâmica da interação e colaboração entre os alunos de cada fórum de discussão de pequenos grupos é determinada pelos próprios membros do grupo. O professor não está envolvido na dinâmica dos grupos e não atribui papéis aos membros do grupo. O papel do professor é mais o de observar e motivar a participação nos fóruns de discussão em pequenos grupos, ao mesmo tempo que dá orientação e apoio aos alunos quando estes o solicitam. MacDonell (1992) sugeriu que o professor que pretende estar consciente da dinâmica do grupo deve adotar um "estilo de ensino mais democrático e estar preparado

  para se afastar e dar ao aluno um papel significativo" (p. 169), intervindo apenas quando necessário.

- **Estrutura do grupo:** os membros do grupo moldam a estrutura do seu grupo dentro das regras e normas gerais que foram previamente explicadas pelo instrutor. O instrutor não está envolvido na formação dos padrões de relações e interações que podem surgir dentro de um grupo.

- **Tamanho do grupo:** cada pequeno grupo era composto por três ou quatro alunos. Davis (1993) afirmou que, em geral, os grupos de quatro ou cinco alunos funcionam melhor. Felder e Brent (1994) argumentaram que "quando os alunos trabalham em pares, um deles tende a dominar e normalmente não existe um bom mecanismo para resolver disputas, e em equipas de cinco ou mais torna-se difícil manter todos envolvidos no processo" (p. 6). Rau e Heyl (1990) mencionaram que em grupos maiores é difícil garantir a participação de todos os membros. Parece que os grupos pequenos, constituídos por três ou quatro alunos, são adequados para a colaboração e, por isso, este tamanho de grupo foi utilizado neste estudo.

- **Seleção do grupo:** o conceito de aprendizagem colaborativa envolve grupos de alunos que trabalham em conjunto como uma equipa para resolver um problema ou completar uma tarefa (Dillenbourg & Schneider, 1995; Garfield, 1993). Os grupos colaborativos podem ser formados utilizando diferentes conceitos, como a auto-seleção, a seleção aleatória ou a seleção baseada em critérios (Gokhale, 1995). Ao selecionar os grupos de colaboração, Garfield (1993) observou que o instrutor pode permitir que os alunos seleccionem os grupos por si próprios ou que os grupos sejam formados pelo instrutor para serem homogéneos ou heterogéneos em determinadas caraterísticas. Os grupos de colaboração têm de ser heterogéneos, uma vez que os alunos que trabalham em pequenos grupos heterogéneos aprendem a conteúdo temático, capacidades adequadas de resolução de problemas e de pensamento crítico, bem como as competências necessárias para trabalhar em conjunto de forma colaborativa (Bruffee, 1999; Roberts, 2004). Felder e Brent (1994) sugeriram que "as desvantagens de um grupo com apenas alunos fracos são óbvias, mas ter apenas alunos fortes num grupo é igualmente indesejável" (p. 6). Afirmam que os grupos fortes têm uma vantagem injusta sobre os outros grupos e que os membros de uma equipa forte tendem a dividir os trabalhos de casa e a comunicar apenas superficialmente uns com os outros, omitindo as interações dinâmicas que conduzem à maioria dos benefícios comprovados da aprendizagem em colaboração. Por outro lado, em grupos com níveis de conhecimento ou capacidades mistos, os alunos mais fracos ganham ao ver como os melhores alunos estudam e abordam os problemas. Os alunos mais fortes que ensinam os outros descobrem muitas vezes que o facto de ensinarem os outros leva a que eles próprios compreendam melhor a matéria, o que lhes permite adquirir uma compreensão mais profunda da matéria (Felder & Brent, 1994; Garfield, 1993). Neste estudo, os grupos foram formados pelo professor de modo a serem heterogéneos em termos de nível de conhecimentos. Esta forma de formar o pequeno grupo assegura, pelo menos, que os melhores alunos da turma não se agrupem, deixando os mais fracos a defenderem-se sozinhos. O nível de conhecimentos dos alunos foi determinado de acordo com o pré-teste que foi dado a todos os alunos antes de iniciarem o curso em linha.

Como já foi referido, para além dos fóruns de discussão que foram construídos para pequenos grupos de alunos, existia o fórum de discussão central. No fórum de discussão central, todos os alunos de todos os grupos foram convidados a participar ativamente. Os debates no fórum de discussão central eram geridos pelo professor do curso, que desempenhava um papel ativo e visível nos debates do fórum, mantendo-os no caminho certo. O elevado número de mensagens enviadas para o fórum de discussão central ao longo do curso pode dificultar a procura de informações específicas por parte dos alunos. Por isso, para cada tópico central do curso foi criado um novo fórum de discussão central, de modo a contribuir para uma organização clara e melhor de todo o processo.

3.1.3 O papel dos instrutores na organização do debate

O instrutor organizou o conteúdo do fórum de discussão através de perguntas, actividades de aprendizagem e feedback. Seguem-se as descrições destes componentes.

- **Questionamento:** as perguntas para debate incentivam os alunos a explorar mais profundamente o tema e a leitura atribuída (Bender, 2003) e são um meio fundamental para atingir os objectivos de aprendizagem (Benson, R., 2007). Na primeira etapa, o instrutor criou perguntas e actividades de debate adequadas a diferentes níveis de conhecimento, incluindo perguntas de ordem superior que pediam aos alunos para fazerem comparações, sugerirem causas e resolverem determinados problemas. Bender (2003) argumentou que as perguntas de ordem superior provocam um pensamento construtivo e abrem as portas para uma discussão significativa. A motivação para esta abordagem é de natureza construtivista, na medida em que parte do princípio de que o conhecimento dos alunos pode ser extraído através da interação aluno-aluno e instrutor-aluno, envolvendo a colocação e a resposta a perguntas (Anderson, 2003; Gold, 2001; Markel, 2001). Na segunda etapa, o instrutor publicou uma lista de perguntas e problemas a serem resolvidos e encaminhou cada pergunta para um aluno diferente. Os alunos tinham de responder a estas perguntas, bem como comentar as respostas dos outros alunos, num determinado período de tempo, de modo a iniciar um debate sobre os assuntos aprendidos.

Outros tipos de esclarecimento e apoio, como a oferta de explicações,

Também foram feitos esclarecimentos sobre a compreensão dos alunos e sugestões para orientar e melhorar debates mais profundos e futuros. Esta parte da discussão foi contínua ao longo de todo o curso e teve como objetivo incentivar uma maior interação entre os participantes, a fim de melhorar a aquisição de conhecimentos a diferentes níveis.

- **Actividades de grupo:** o instrutor organizou uma tarefa de grupo a meio do semestre. Nesta atividade, cada grupo recebeu um tema diferente e limitado, relacionado com o conteúdo do curso, para aprender e discutir no fórum de discussão de pequenos grupos. Foi então pedido a cada grupo que preparasse uma pequena unidade de aprendizagem composta por quatro páginas sobre o tema e que incluísse nesta unidade três perguntas, cada uma relacionada com um tipo diferente de conhecimento (pergunta "saber o *quê*", "saber como" e "saber *porquê*"). Foi pedido a todos os grupos que enviassem as suas unidades de aprendizagem para o fórum de discussão central num determinado período de tempo. No passo seguinte, foi pedido a cada grupo que aprendesse e discutisse uma unidade de aprendizagem de um grupo diferente, determinado pelo instrutor, e que, em grupo, colocasse comentários sobre a unidade de aprendizagem e as respostas às perguntas no fórum de discussão central dentro do prazo especificado. No último passo, foi pedido a cada grupo que verificasse as respostas recebidas e as comentasse. Todo o processo desta atividade foi observado pelo instrutor, que deu feedback e apoio sempre que necessário. Para além desta tarefa de grupo, foi pedido a cada grupo que realizasse um projeto final. Foi dada aos alunos uma descrição completa do projeto final, incluindo algumas sugestões sobre como começar o trabalho e a data de entrega.

- **Feedback:** dar feedback aos alunos é importante, pois pode ajudá-los a refletir sobre o que aprenderam e o que ainda precisam de saber (Bender, 2003). Mazzolini e Maddison (2007) reconheceram que a participação frequente do professor é muitas vezes considerada como um incentivo à participação dos alunos. Kearsley (2000) argumentou que um fator que afecta fortemente a quantidade de interação e participação dos estudantes é o nível de envolvimento do instrutor. No entanto, o instrutor precisa de manter um equilíbrio entre uma participação insuficiente e excessiva e, por conseguinte, deve determinar o momento adequado para intervir (Mazzolini & Maddison, 2007). Neste estudo, o professor não respondeu imediatamente a todas as mensagens dos alunos quando estas não lhe eram dirigidas, de modo a dar aos outros alunos a oportunidade de responderem e comentarem as mensagens uns dos outros. Isto, por sua vez, pode motivar os alunos a construir significados através da interação uns com os outros. No entanto, o instrutor participou regularmente no fórum de discussão, dando feedback, respostas, perguntas novas e de seguimento e outros comentários aos alunos, de modo a manter as discussões em curso e a apoiar o processo de aprendizagem.

Para além do feedback contínuo, o instrutor também deu um feedback pessoal positivo a cada aluno uma vez por mês. Neste feedback, os alunos eram informados sobre o seu nível de participação. Os alunos que não participavam o suficiente eram convidados a participar mais e a explicar ao professor as razões da sua fraca participação. Este feedback pessoal tinha como objetivo motivar e ajudar os alunos a serem mais activos no fórum de discussão.

3.1.4 Conceção do fórum de discussão estruturado: Resumo

Segue-se um resumo dos passos que foram dados relativamente à conceção do fórum de discussão estruturado.

- Na primeira etapa, o instrutor explicou como os alunos serão avaliados no curso, o objetivo e a natureza dos debates nos fóruns de discussão e pediu aos alunos que cumprissem as regras estabelecidas para a participação nos fóruns de discussão, a fim de manter os debates organizados.
- O instrutor formou então pequenos grupos de três ou quatro alunos com níveis de conhecimento mistos, de acordo com os resultados do pré-teste. Cada grupo recebeu um nome de grupo.
- Na etapa seguinte, o instrutor criou um fórum de discussão para cada pequeno grupo construído.
- Os alunos foram então informados sobre o objetivo de criar fóruns de discussão em pequenos grupos, encorajando-os a utilizar esses fóruns com o objetivo de melhorar a sua interação e colaboração em torno dos materiais de aprendizagem e das actividades de aprendizagem em grupo.
- Foi pedido aos alunos que participassem ativamente em dois níveis de grupos de discussão. O primeiro nível era o fórum de discussão central onde participavam os alunos de todos os pequenos grupos; o segundo nível era o fórum de discussão dos pequenos grupos. Os alunos também foram informados sobre o papel do instrutor em cada um destes dois níveis de discussão.
- O professor participou ativamente no fórum de discussão central, a fim de criar um ambiente de aprendizagem que motivasse os alunos a construir conhecimentos através de uma interação significativa entre si e com os seus colegas.

  instrutor. O professor colocava regularmente perguntas sobre diferentes níveis de conhecimento para o fórum e dar feedback às mensagens dos alunos.
- O professor colocou listas de perguntas e problemas a resolver e relacionou cada pergunta com um aluno diferente. Os alunos respondiam então às perguntas que lhes eram dirigidas e eram convidados a comentar as respostas dos outros alunos num determinado período de tempo.
- A meio do semestre, o professor organizou uma atividade de grupo que pede a cada grupo de alunos que estude um tema diferente e que prepare uma unidade de aprendizagem sobre esse tema, incluindo três perguntas, cada uma relacionada com um tipo diferente de conhecimento.

- Na etapa seguinte, cada grupo teve de estudar e discutir uma unidade de aprendizagem de um grupo diferente, especificado pelo instrutor, e enviar as respostas às perguntas, bem como comentários sobre a unidade de aprendizagem, dentro do prazo especificado. Depois, foi pedido a cada grupo que verificasse as respostas e o feedback que recebeu e que as comentasse.

- Para além do feedback e apoio contínuos ao longo de todo o curso, o instrutor também enviou mensalmente um feedback pessoal positivo aos alunos sobre o seu nível de participação, motivando os alunos com baixa participação a serem mais activos nos fóruns de discussão.

- No final do semestre, cada pequeno grupo de alunos teve de realizar um projeto final claramente descrito pelo professor.

3.2 Questões de investigação

Neste estudo, foram analisadas as seguintes questões de investigação:

1. Em que medida é que um fórum de discussão estruturado tem impacto na aquisição de cada um dos seguintes tipos de conhecimento por parte dos estudantes de informática:

- *know-what* (refere-se ao conhecimento declarativo)
- *saber-fazer* (refere-se à aquisição de competências)
- saber *porquê* (refere-se à capacidade de pegar numa teoria específica e aplicá-la a um determinado problema)

2. Em que medida é que um fórum de discussão estruturado tem impacto na melhoria das competências de colaboração dos estudantes de informática?

3. Qual é a relação entre a participação ativa dos alunos nos fóruns de discussão e o nível de conhecimentos que adquiriram no curso?

4. Em que medida é que as seguintes variáveis intervenientes afectam a aquisição de conhecimentos pelos estudantes: (1) acesso à Internet em casa, (2) tempo de participação em fóruns de discussão fora da faculdade durante a semana, (3) experiência anterior em aprendizagem em linha, (4) ano académico, (5) género, (6) conhecimento prévio da matéria, (7) instrutor, e (8) ambiente de aprendizagem em linha?

3.3 Conceção do estudo

Para a primeira questão de investigação, foi utilizado um modelo experimental para determinar as diferenças entre o impacto dos fóruns de discussão estruturados e não estruturados na aquisição de diferentes tipos de conhecimentos por parte dos estudantes de informática. Os alunos de cada curso em linha foram divididos aleatoriamente em dois grupos. Um grupo participou num fórum de discussão não estruturado e foi considerado como grupo de controlo. O outro grupo participou num fórum de discussão estruturado (i.e., o tratamento) e foi considerado como o grupo experimental.

Foi utilizado um modelo de pré e pós-teste para avaliar o nível de conhecimentos dos alunos nos três tipos de conhecimentos antes e depois da participação no curso em linha. Os dados recolhidos do pré-teste foram utilizados para os seguintes dois fins: (1) criar grupos de colaboração heterogéneos em termos do seu nível de conhecimentos no grupo experimental e (2) fornecer uma base para determinar o grau em que a participação em um fórum de discussão estruturado estava relacionada com a aquisição de diferentes tipos de conhecimentos. Os dados do pós-teste foram utilizados para medir e comparar as diferenças na aquisição de conhecimentos entre os participantes do fórum de discussão estruturado e não estruturado. O pós-teste foi entregue a todos os alunos após o fim do curso em linha.

Para a segunda questão de investigação, foi utilizado um modelo de inquérito sob a forma de questionário para determinar as diferenças na melhoria das *competências de colaboração* dos alunos do grupo de controlo e do grupo experimental. O questionário era composto por duas partes. A primeira parte destinava-se a recolher dados sobre diversas variáveis de contexto, a fim de examinar o seu impacto na aquisição de conhecimentos pelos alunos (questão de investigação n.º 4). A segunda parte tinha como objetivo recolher dados sobre a variável dependente *competências de colaboração* (questão de investigação n.º 2). O questionário foi distribuído a todos os participantes numa reunião presencial no final do curso em linha.

Para a terceira questão de investigação, foram realizadas análises estatísticas dos dados recolhidos no ambiente de aprendizagem em linha sobre a atividade de cada participante no fórum de discussão, a fim de explorar a relação entre a participação ativa dos alunos e o nível de conhecimentos que adquiriram no curso em linha.

Cada um dos

Os ambientes de aprendizagem em linha utilizados neste estudo incluem dados estatísticos sobre as actividades dos alunos, tais como o número de mensagens iniciadas e o número de respostas. Estes dados foram guardados para cada aluno num perfil de início de sessão e foram utilizados após a conclusão do curso em linha para determinar *a participação ativa dos alunos* (variável independente).

Neste estudo, foram ministrados sete cursos totalmente em linha diferentes, exceto o curso do teste-piloto, entre o semestre de inverno de 2008/2009 e o semestre de verão de 2010. A Tabela 1 apresenta informações sobre cada um destes cursos, tais como o local, o título do curso, o número de participantes e o ano académico. Todos estes cursos em linha tinham uma estrutura semelhante, ilustrada na Figura 3.

Tabela 1: Cursos em linha ministrados neste estudo.

College Name	Academic Year	Course Title	Semester	No. of students[a]	A	B
QSM	III	Website Building **(pilot-test)**	A-2008-09	20	11	9
QSM	II	Internet Programming using JavaScript	B-2009	16	9	7
BB	III	Internet Programming using JavaScript	B-2009	19	9	10
BB	IV	Internet Programming using ASP	B-2009	17	8	9
QSM	III	Internet Programming using ASP	A-2009-10	14	6	8
BB	II	Information Sources and Website Building	A-2009-10	22	10	12
QSM	II	Internet Programming using JavaScript	B-2010	14	7	7
BB	III	Internet Programming using JavaScript	B-2010	21	11	10

Esta tabela mostra a faculdade onde o curso foi ministrado, o ano académico dos alunos, o título do curso, o semestre e o número de alunos em cada curso em linha, bem como no grupo experimental e no grupo de controlo.

BB= Faculdade Académica de Beit Berl, **QSM**= Faculdade Académica de Educação Al-Qasemi, **A**= número de estudantes no grupo experimental, **B**= número de estudantes no grupo de controlo.

[a] Note-se que este é o número de alunos que participaram nos pré e pós-testes e preencheram um questionário válido para medir *as competências de colaboração.*

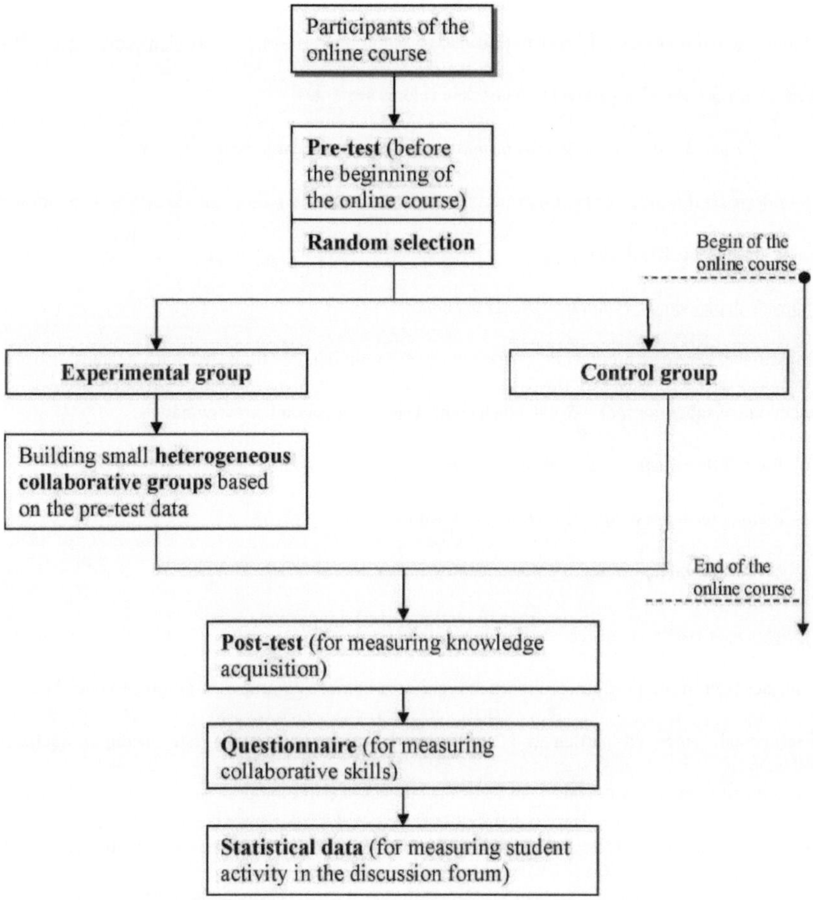

Figura 3: Estrutura dos cursos em linha que foram ministrados neste estudo.

3.4 Variáveis e sua medição

Segue-se uma descrição das variáveis de investigação que foram examinadas neste estudo e da sua medição.

3.4.1 Variáveis dependentes e independentes

Questão de investigação 1:

O objetivo desta questão de investigação era avaliar o impacto dos fóruns de discussão estruturados na aprendizagem dos alunos em . Foram utilizadas as seguintes variáveis: Variáveis independentes: *Tipo de fórum de discussão.* Esta variável tinha os dois valores seguintes:

- *Fórum de discussão não estruturado*: um fórum de discussão sem estrutura.
- *Fórum de discussão estruturado:* um fórum de discussão com uma estrutura específica (apresentada na secção 3.1, p. 57).

Variáveis dependentes: *Pontuação de desempenho.*

Esta variável refere-se ao nível de realização em cada um dos três tipos de conhecimentos (saber o *quê*, saber como e saber *porquê*). Foi calculada como a soma das seguintes sub-variáveis:

- *Pontuação na aquisição de conhecimentos sobre o know-what,*
- *Pontuação sobre a aquisição de conhecimentos técnicos,*
- *Pontuação na aquisição de conhecimentos "saber porquê".*

Medição: para medir a aquisição de três tipos diferentes de conhecimentos, foi utilizado um pré-teste e um pós-teste. O pré-teste mediu o conhecimento prévio de ambos os grupos, o grupo de controlo e o grupo experimental, antes da participação no fórum de discussão. O pós-teste mediu a aquisição de conhecimentos após a participação nos fóruns de discussão estruturados e não estruturados. Com base nos dados recolhidos no pós-teste, foram medidas e comparadas as diferenças na melhoria dos conhecimentos entre os participantes dos fóruns de discussão estruturados e não estruturados.

Questão de investigação 2:

Variáveis independentes: *Tipo de fórum de discussão.* Esta variável tinha os dois valores seguintes:

- *Fórum de discussão não estruturado*: um fórum de discussão sem estrutura.
- *Fórum de discussão estruturado*: um fórum de discussão com uma estrutura específica.

Variáveis dependentes: *Competências de colaboração.*

Medição: foi utilizado um questionário para medir esta variável. As perguntas deste questionário foram respondidas numa escala de Likert de cinco pontos. Algumas das perguntas foram codificadas de forma inversa para que o padrão de respostas dos alunos variasse. Este questionário foi baseado na definição de colaboração efectiva em grupo especificada por Johnson e Johnson (2004a). De acordo com esta definição, os componentes do constructo *competências de colaboração* são:

(1) **A interdependência positiva,** que ocorre quando os indivíduos têm a perceção de que podem atingir os seus objectivos se e só se os outros indivíduos com quem estão ligados também atingirem os seus objectivos e, por conseguinte, promoverem os esforços uns dos outros para atingir o objetivo. A interdependência positiva é o sentimento dos membros do grupo de que se afundam ou nadam juntos.

(2) Responsabilidade individual, o que significa que cada membro de um grupo deve ser responsável por contribuir com a sua parte do trabalho. A responsabilidade individual é importante para garantir que cada membro seja um participante ativo num projeto de grupo.

(3) **Interação promotora,** que existe quando os membros do grupo se encorajam e facilitam os esforços uns dos outros para completar tarefas e atingir os objectivos do grupo.

(4) **Competências sociais,** o que significa que os membros do grupo devem possuir competências interpessoais e de pequeno grupo, tais como liderança, tomada de decisões, criação de confiança, comunicação clara e competências construtivas de resolução de conflitos.

(5) **Processamento de grupo,** que existe quando os membros do grupo discutem até que ponto estão a atingir os seus objectivos e a manter relações de trabalho eficazes.

A variável dependente *competências de colaboração* foi tratada aqui como uma pontuação.

Questão de investigação 3:

Variáveis independentes: *Participação ativa dos alunos.* Esta variável incluía as seguintes subvariáveis:

- *Mensagens iniciadas*: o número de mensagens que foram iniciadas pelo aluno no fórum de discussão.
- *Respostas*: o número de mensagens que foram enviadas pelo aluno para o fórum de discussão como respostas a mensagens anteriores.

Variáveis dependentes: *Nota de aproveitamento.* Esta variável refere-se ao nível de desempenho dos alunos na aquisição dos três diferentes tipos de conhecimento.

Medida: esta variável foi medida de acordo com a pontuação do pós-teste.

Questão de investigação 4:

Variáveis independentes: as variáveis intervenientes incluíam *o acesso à Internet em casa, o tempo de participação em fóruns de discussão* fora da faculdade durante a semana, *a experiência anterior em aprendizagem em linha, o ano académico, o género, o conhecimento* prévio *da matéria, o instrutor* e *o ambiente de aprendizagem em linha.*

- *Acesso à Internet em casa*: o aluno tem ligação à Internet em casa.
- *Tempo de participação nos fóruns* de discussão: tempo aproximado de participação nos fóruns de discussão fora da faculdade durante a semana.
- *Experiência anterior em aprendizagem em linha*: número de cursos totalmente em linha efectuados anteriormente pelo estudante.
- *Ano académico*: segundo/terceiro ou quarto ano.
- *Género*: feminino/masculino.
- *Conhecimento prévio da matéria*: a pontuação, que se refere ao nível de desempenho dos alunos no pré-teste.
- *Instrutor*: Instrutor A, Instrutor B, Instrutor C.
- *Ambiente de aprendizagem em linha*: MofetNet ou Moodle.

Variáveis dependentes: *Nota de aproveitamento.* Esta variável refere-se ao nível de desempenho dos alunos na aquisição dos três tipos diferentes de conhecimentos.

Medida: esta variável foi medida de acordo com a pontuação do pós-teste.

3.5 Desenvolvimento dos instrumentos

Foram desenvolvidos dois instrumentos para a recolha de dados para este estudo. O primeiro foi um pré-teste e um pós-teste para medir as diferenças na aquisição de conhecimentos entre o grupo de controlo e o grupo de trabalho.

e o grupo experimental. O segundo instrumento foi um questionário para medir a melhoria das competências de colaboração dos alunos. Os dados estatísticos foram recolhidos a partir do instrumento de análise da interação para medir a atividade dos alunos no fórum de discussão. As descrições do desenvolvimento dos instrumentos são as seguintes.

3.5.1 Medição da aquisição de conhecimentos

O primeiro instrumento de recolha de dados foi o pré-teste e o pós-teste, que tinham como objetivo avaliar o impacto dos fóruns de discussão estruturados e não estruturados na aquisição de diferentes tipos de conhecimentos pelos alunos. O pré-teste mediu os conhecimentos prévios dos alunos sobre o domínio da disciplina antes de iniciarem o curso em linha. O pós-teste mediu a aquisição de conhecimentos por parte dos alunos após a participação no curso em linha.

Cada um dos pré e pós-testes desenvolvidos para os sete cursos continha doze perguntas, quatro perguntas sobre cada tipo de conhecimento. Os testes incluíam perguntas de escolha múltipla e perguntas abertas. As perguntas abertas foram avaliadas de acordo com uma grelha de avaliação que foi preparada durante a elaboração dos pré e pós-testes. A grelha de avaliação incluía, para cada pergunta aberta, uma lista de indicadores, que são os principais pontos que devem ser incluídos na resposta à pergunta, e a pontuação para cada um desses indicadores. A utilização de uma grelha de avaliação ajudou o professor a avaliar as respostas dos alunos com base em alguns critérios específicos (Moskal, 2000). As perguntas dos pré-testes cobriam o material de um curso que os alunos tinham de frequentar como pré-requisito para o curso em linha. O pós-teste cobria o material principal incluído no curso on-line. O Apêndice D (página 164) mostra alguns exemplos de perguntas.

Todos os pré e pós-testes foram examinados quanto à sua validade facial por quatro peritos (dois professores

de cada faculdade). Três deles têm doutoramento e um tem mestrado em informática e tecnologia da informação. Os comentários dos professores foram incorporados nos testes. Ambos os grupos, o grupo de controlo e o grupo experimental, de cada curso em linha participaram nos pré e pós-testes concebidos para o curso. O exame final do curso de pré-requisitos foi considerado como um pré-teste para o curso em linha, uma vez que foi especialmente construído para examinar o nível de conhecimentos do aluno em cada um dos três tipos de conhecimentos. O pós-teste foi dado a todos os alunos durante o período de exame. Os pré e pós-testes foram avaliados pelo professor do curso em linha. A *pontuação* de aproveitamento nos pré e pós-testes refere-se à soma da pontuação de aproveitamento em cada um dos três tipos de conhecimento (saber o *quê*, saber *como* e saber *porquê*). A nota do pós-teste corresponde a 45% da nota final do curso.

3.5.2 Medição das competências de colaboração

O segundo instrumento de recolha de dados foi um questionário para medir a colaboração entre os alunos nos fóruns de discussão e a melhoria das suas competências de colaboração. Aparentemente, não existe nenhum questionário adequado disponível para analisar a colaboração entre os alunos e a melhoria das suas competências de colaboração nos fóruns de discussão. Por isso, foi elaborado um questionário especialmente para este estudo. A maioria das perguntas do questionário foi retirada da literatura (Asyali, Saatcioglu & Cerit, 2005; Brewer & Klein, 2006; Johnson & Johnson, 2004a; Johnson & Johnson, 2004b; Lin & Laffey, 2006; Roger & Johnson, 1994) e baseia-se na definição de colaboração efectiva em grupo especificada por Johnson e Johnson (2004a). De acordo com esta definição, o constructo *competências de colaboração* é constituído pelos cinco elementos seguintes

componentes: (1) interdependência positiva, (2) responsabilidade individual, (3) promoção interação, (4) competências sociais, (5) processamento em grupo.

3.5.2.1 Descrição do questionário

O instrumento de medida completo compreendia um total de 44 questões e estava dividido em duas partes. A primeira parte era constituída por sete questões demográficas e de contexto, com o objetivo de examinar quais as outras variáveis intervenientes que podem afetar a aquisição de conhecimentos por parte dos alunos (questão de investigação n.º 4). Todas as perguntas desta parte eram de escolha múltipla. Para além disso, foram colocadas duas questões: (1) quantos cursos totalmente on-line os alunos já tinham feito anteriormente e (2) o código composto pelos últimos quatro dígitos do seu número de identificação. O fornecimento deste código foi importante para permitir comparar e correlacionar os dados recolhidos com esta parte do questionário com os dados recolhidos com os pré e pós-testes sobre a aquisição de conhecimentos. Foi assegurado aos alunos que este código seria utilizado apenas para este fim e que seria mantido confidencial.

A segunda parte do questionário tinha como objetivo medir a variável dependente *competências de colaboração* (pergunta de investigação n.º 2). Consistia em 37 afirmações do tipo Lickert de cinco pontos, classificadas de 1 a 5, com 1 a indicar "forte desacordo" e 5 a indicar "forte acordo".

As afirmações incluídas nesta segunda parte do questionário abrangiam as cinco componentes do constructo *competências de colaboração.* Para cada uma das componentes interdependência positiva e interação promotora havia oito afirmações; para a componente competências sociais havia nove afirmações, e para cada uma das componentes responsabilização individual e processamento em grupo havia seis afirmações. As escalas e as afirmações de cada componente são apresentadas no Anexo A.

Uma vez que este instrumento de medida se baseou na definição de grupo efetivo

colaboração dada por Johnson e Johnson (2004a), que pressupõe a presença de todos os cinco componentes (descritos acima) para que a aprendizagem em pequenos grupos seja verdadeiramente colaborativa, o constructo *competências de colaboração* foi medido aqui como uma pontuação.

Uma vez que as perguntas e afirmações adoptadas da literatura estavam escritas em inglês, um tradutor inglês-árabe traduziu as perguntas e afirmações do inglês para o árabe. A tradução escrita para árabe foi considerada adequada à versão inglesa do questionário por um especialista em língua árabe e manteve o significado da redação do original. Os questionários completos em inglês e em árabe são apresentados nos Anexos B (página 158) e C (página 161), respetivamente.

As instruções da segunda parte do questionário pediam aos alunos que respondessem às afirmações assinalando com um círculo o número que melhor correspondesse à sua concordância ou discordância relativamente à afirmação. Algumas das afirmações foram redigidas de forma negativa para evitar que os alunos respondessem apenas a um lado da escala de classificação. As afirmações do questionário estavam dispostas numa ordem mista e não numa ordem categórica e as versões invertidas de uma afirmação não estavam ao lado umas das outras.

Uma vez que o investigador está associado ao estudo, foi pedido a outro professor de informática que distribuísse e recolhesse os questionários aos alunos no final do curso em linha, numa reunião presencial. Os alunos foram informados do objetivo da investigação de forma sucinta, garantindo que as suas respostas seriam utilizadas apenas para análise estatística e seriam mantidas confidenciais, tal como explicado na página de rosto do questionário. Os alunos foram instruídos a preencher todos os itens do questionário de forma honesta. Quando terminaram de preencher o questionário, os alunos receberam um agradecimento.

3.5.2.2 Teste-piloto

O teste-piloto serviu para os seguintes objectivos: (1) explorar problemas de falta de clareza em algumas perguntas do questionário para examinar as competências de colaboração dos alunos, e (2) ajudar a testar a validade e a fiabilidade deste questionário.

O teste-piloto foi realizado com vinte estudantes da Faculdade de Educação Alqasemi. Os participantes no teste-piloto eram estudantes do terceiro ano de informática inscritos no curso totalmente em linha "construção de sítios Web" no primeiro semestre do ano letivo de 2008/2009. Dezasseis dos estudantes eram do sexo feminino e quatro do sexo masculino. Os alunos do teste-piloto foram divididos em dois grupos: o grupo de controlo com nove alunos e o grupo experimental com onze alunos. O pré-teste foi aplicado por outro professor a todos os vinte alunos que estavam inscritos nesta disciplina. Ambos os grupos de alunos receberam o mesmo conteúdo do curso durante o semestre. De seguida, foi realizado um pós-teste no período de exames.

Antes da distribuição do questionário a todos os alunos do teste-piloto, três alunos do terceiro ano de informática que estavam inscritos no teste-piloto analisaram a legibilidade do questionário. Este passo foi necessário para identificar quaisquer ambiguidades no questionário e para garantir uma interpretação exacta das instruções e das afirmações. Como resultado, havia duas afirmações que não eram claras e foram reescritas de acordo com as notas.

Posteriormente, o questionário foi distribuído a todos os vinte alunos do teste-piloto no final do semestre, numa reunião presencial, e recolhido por um supervisor. Todos os questionários devolvidos pelos alunos foram aceites, uma vez que não continham quaisquer respostas em falta. Após a conclusão do teste-piloto, houve uma discussão na aula com os alunos sobre todos os itens do teste-piloto. Todos os comentários relevantes dos alunos foram incorporados no questionário.

3.5.2.2.1 Validade e fiabilidade

Para tratar da validade do questionário para medir a variável dependente

Para avaliar *as competências colaborativas*, quatro professores de educação, dois com doutoramento e dois com mestrado (que leccionam nas faculdades), examinaram o questionário para verificar a sua validade facial. Depois de incorporar os comentários dos revisores, o questionário foi distribuído aos alunos do estudo-piloto.

Para determinar a fiabilidade do questionário, foi utilizado um método de teste-reteste. Os alunos do teste-piloto receberam novamente o questionário duas semanas mais tarde para verificar se os resultados eram consistentes. Após a conclusão do teste-piloto, os dados recolhidos de ambos os questionários foram introduzidos num ficheiro Microsoft Excel e, em seguida, todo o ficheiro foi importado para o *Statistical Package for the Social Sciences* (SPSS) 17.0 para Windows. As afirmações negativas foram classificadas de forma inversa, de modo a que todas as afirmações fossem classificadas no mesmo sentido. Os dados recolhidos foram analisados quanto à fiabilidade e outros aspectos de validade utilizando o SPSS com a ajuda de um estatístico. Os resultados mostraram que algumas afirmações do questionário não eram claras para os alunos e a eliminação das afirmações não afectou nem enfraqueceu a variável.

Uma vez que o número de participantes no teste piloto era pequeno em relação ao número de afirmações no questionário, era importante calcular o teste de fiabilidade Alpha Cronbach para cada componente do constructo *competências de colaboração* separadamente. A Tabela 2 mostra os resultados do teste de fiabilidade Alpha Cronbach antes e depois de excluir os itens do questionário.

Tabela 2: Fiabilidade da escala no teste-piloto

	Component	Items (No. in items list-Appendix A)	Cronbach's alpha	
			Before excluding items	After excluding items
A	Positive interdependence	1,2×,3×,4,5R,6,7,8,9R,10	.765	.811
B	Individual accountability	11,12R,13R,14,15,16	.824	.824
C	Promotive interaction	17,18,19,20,21R,22,23,24	.918	.918
D	Social skills	25,26R,27R×,28,29,30,31,32,33,34	.862	.907
E	Group processing	35,36,37,38,39,40×,41R	.821	.873
	All components as one variable (number of items 37)			.970

R - escala inversa, × - item excluído após o teste-piloto.

O teste de fiabilidade alfa de Cronbach do instrumento de medida foi realizado novamente com os dados recolhidos de 52 estudantes que participaram nos três primeiros cursos em linha da experiência. Os resultados mostraram que o alfa de Cronbach para cada componente separadamente, bem como para todos os componentes em conjunto, era bom (Quadro 3).

Tabela 3: Fiabilidade da escala do questionário preenchido por 52 alunos nos três primeiros cursos em linha (N=52).

	Component	No. of item	Cronbach's alpha
A	Positive interdependence	8	.814
B	Individual accountability	6	.794
C	Promotive interaction	8	.835
D	Social skills	9	.827
E	Group processing	6	.857
	All components as one variable	37	.955

3.5.2.3 Fiabilidade final

Antes de analisar os dados, a fiabilidade foi novamente testada utilizando os dados de todos os 123

questionários da experiência. As fiabilidade finais são apresentadas no Quadro 4. Cada um

dos cinco componentes separadamente, bem como de todos os componentes em conjunto, apresentaram resultados finais

alfa superior a 0,70, o que é considerado bom.

Tabela 4: Fiabilidade da escala do questionário calculada com base nos dados da experiência (N=123).

	Component	No. of item	Cronbach's alpha
A	Positive interdependence	8	.818
B	Individual accountability	6	.792
C	Promotive interaction	8	.806
D	Social skills	9	.845
E	Group processing	6	.857
	All components as one variable	37	.951

3.5.3 Medição da atividade dos alunos

A interação e o debate entre os participantes em fóruns de discussão foram identificados como uma componente fundamental dos cursos em linha (Ertmer et al., 2007). O modelo de Henri (1992), que contém um quadro de interatividade que permite a análise da natureza da interação entre os membros do fórum de discussão, permite a análise da relação entre as mensagens enviadas. A relação entre as mensagens postadas revela até que ponto os alunos e o professor estão a responder uns aos outros (Hew & Cheung, 2003) e a partilhar conhecimentos.

No modelo de Henri (1992), as mensagens enviadas pelos alunos são classificadas em (1) mensagens independentes e (2) mensagens explícitas. As mensagens independentes são consideradas como mensagens iniciadas que contêm novas ideias não relacionadas com outros participantes e as mensagens explícitas são consideradas como respostas que reflectem respostas a mensagens previamente enviadas para o fórum de discussão. Ao distinguir entre mensagens iniciadas e respostas ao fórum de discussão, é possível observar a relação ou os padrões de comunicação entre os participantes. Estes padrões oferecem algumas informações sobre a contribuição de cada participante para o fórum de discussão.

mensagens para a totalidade emergente do conhecimento construído (Gunawardena,

Carabajal & Lowe; 2001). A proporção de mensagens enviadas pelos alunos para o fórum de discussão indica o nível de interação entre os alunos e o grau de envolvimento dos alunos na atividade de aprendizagem.

A atividade dos alunos no fórum de discussão foi considerada aqui como o número de mensagens iniciadas e o número de respostas enviadas pelo aluno para o fórum de discussão e foi medida com a ferramenta de análise da interação. A ferramenta de análise da interação, utilizada no ambiente de aprendizagem em linha, armazena dados estatísticos sobre as actividades dos alunos, que incluem mensagens iniciadas e respostas para cada participante no fórum de discussão. Os dados sobre o número de mensagens iniciadas e o número de respostas enviadas por cada aluno foram recolhidos e analisados após a conclusão do curso em linha, a fim de determinar a variável *participação ativa dos alunos.* O processamento e a análise destes dados estatísticos e a sua correlação com o desempenho dos alunos no pós-teste podem contribuir para a validação dos resultados da investigação.

3.6 População e amostragem

Os participantes eram estudantes árabes do ensino de informática no Instituto Académico de Formação de Professores Árabes (AITAT) no Colégio Académico de Beit Berl e no Colégio Académico de Educação Al-Qasemi. Ambas as escolas estão situadas no centro de Israel. Para além destas duas faculdades, existem outras duas faculdades árabes de educação situadas no norte de Israel. Um deles é o Colégio Académico Árabe de Educação (localizado em Haifa) e o outro é o Colégio de Sakhnin para a Formação de Professores (localizado em Sakhnin). Em cada uma destas quatro faculdades há cerca de cem estudantes que estudam informática educativa para o grau académico de B.Ed.. A maioria dos estudantes das quatro escolas é do sexo feminino. Algumas explicações possíveis para o facto de haver um grande número de estudantes do sexo feminino nestas escolas são

- Na sociedade árabe, as mulheres preferem trabalhar como professoras do que noutros domínios, porque é mais fácil conciliar o trabalho doméstico, que ainda é esperado das mulheres na sociedade árabe. Por conseguinte, um grande número de mulheres opta por ser professoras (Al-Haj, 1995).
- Outra razão pode ser o facto de algumas famílias da sociedade árabe serem conservadoras, o que significa que não permitem que as suas filhas vivam fora de casa em residências de estudantes. Os colégios deste estudo ficam perto de muitas cidades árabes, o que torna mais fácil para as raparigas irem e virem. Para além disso, a maioria destas estudantes são casadas e têm filhos, pelo que não podem estar longe das suas casas durante muito tempo (Khattab, 2002; Al-Haj, 2003).
- Uma terceira razão possível pode ser o facto de, depois de se formarem, as estudantes poderem trabalhar como professoras em escolas árabes (Al-Haj, 1995).

Nas escolas superiores de educação, os alunos estudam informática para a poderem ensinar nas escolas primárias e secundárias. Assim, para além dos cursos de informática, os alunos das escolas superiores de educação frequentam também cursos de pedagogia e educação.

A AITAT, onde foi realizado o presente estudo, é uma das quatro escolas que pertencem ao Colégio Académico de Beit Berl, onde os estudantes árabes estudam em árabe. No campus do colégio, vivem e estudam estudantes árabes e judeus. As outras três escolas são a Escola de Educação, a Escola de Arte e a Escola de

Estudos Multidisciplinares. O número de estudantes de informática no AITAT é de cerca de 90 estudantes, cerca de 22 estudantes em cada ano letivo. A Faculdade Académica de Educação Al-Qasemi está situada em Baqa. Todos os estudantes que aí estudam são árabes.

No Colégio Académico Al-Qasemi, o número de alunos que estudam informática é de cerca de 100 alunos, cerca de 24 alunos em cada ano letivo. Assim, em ambas as faculdades, o número de estudantes de informática é de cerca de 200. Uma vez que os alunos do primeiro ano não estudam em cursos totalmente em linha, não foram incluídos neste estudo.

Ambos os colégios são heterogéneos nos seguintes aspectos: (1) os estudantes provêm de diferentes aldeias e cidades localizadas no norte, centro e sul de Israel e (2) os estudantes provêm de famílias com diferentes níveis socioeconómicos e educacionais. Todos estes estudantes iniciam os seus estudos superiores imediatamente após terem concluído o ensino secundário.

Neste estudo, foram analisados sete cursos em linha de informática diferentes, com uma população total de 123 estudantes. Quatro cursos foram ministrados no Colégio Académico de Beit Berl e os outros três cursos foram ministrados no Colégio de Educação Al-Qasemi. Todos estes sete cursos são cursos académicos e foram ministrados totalmente em linha. Mais informações sobre cada um destes cursos, tais como o título do curso, o número de alunos e o ano académico, são apresentadas no Quadro 1 em "Conceção do estudo" (secção 3.2, p. 71).

A principal razão para escolher os estudantes de educação como população deste estudo baseou-se no facto de, na formação de professores, o professor ser quem mais contribui para o nível de conteúdo da aprendizagem dos estudantes. Por conseguinte, os fóruns de discussão são muito utilizados tanto pelos alunos como pelos professores nos cursos em linha. Como já foi referido, o ensino da informática foi analisado neste estudo, uma vez que se baseia principalmente na programação e requer a aquisição de diferentes tipos de conhecimentos e o aperfeiçoamento de competências de colaboração.

3.7 Limitações do estudo

Uma limitação do presente estudo é o facto de os estudantes que participaram neste

Os estudantes que participaram no estudo não estavam a estudar num programa de aprendizagem totalmente em linha, em que todos os cursos são ministrados inteiramente em linha. Os estabelecimentos de ensino superior em que esta investigação foi realizada não oferecem cursos de ensino à distância em linha, mas permitem que os estudantes frequentem alguns cursos totalmente em linha. Consequentemente, os estudantes encontravam-se noutros cursos presenciais e no campus da faculdade. Esta situação deu aos alunos a oportunidade de comunicarem e debaterem temas relacionados com o curso em linha fora do fórum de discussão, transferindo assim informações e conhecimentos entre si. Além disso, os alunos podem continuar as suas discussões online sobre as tarefas e o projeto do curso quando se encontram presencialmente. Esta interação presencial não foi incluída no fórum de discussão e pode ter influenciado a participação dos alunos nas sessões do fórum de discussão, razão pela qual deve ser considerada como uma limitação do presente estudo.

Os alunos que participaram nesta investigação podem não utilizar o fórum de discussão com a mesma intensidade que utilizavam quando estavam a estudar todas as disciplinas totalmente online. Apesar disso, o instrutor pediu aos alunos que documentassem os principais pontos que discutiram presencialmente no fórum de discussão, especialmente quando esses pontos se referiam à implementação de tarefas de grupo ou ao projeto da disciplina. Isto deu ao instrutor a oportunidade de aprender mais sobre a interação face a face entre os participantes. Seria, portanto, interessante realizar uma investigação semelhante numa população em que os alunos estudam num programa de aprendizagem totalmente online.

Em estudos desta natureza, podem existir variáveis intervenientes que não podem ser controladas e que podem afetar o resultado, devendo ser consideradas como uma limitação dos resultados do estudo.

3.8 Análise dos dados

Após a recolha dos questionários, os dados foram introduzidos e analisados estatisticamente utilizando o pacote SPSS 17.0. A presente investigação foi de natureza quantitativa, pelo que foram utilizados métodos quantitativos para analisar os dados recolhidos.

Para a primeira questão de investigação, foi realizado um teste t para duas amostras independentes, a fim de determinar as diferenças entre o grupo de controlo e o grupo experimental na aquisição de conhecimentos nos três tipos diferentes de conhecimentos.

Para testar o impacto da variável independente *tipo de fórum de discussão* na melhoria das *competências de colaboração* dos alunos de ambos os grupos, foi efectuado um teste t para duas amostras independentes.

Para verificar a relação entre *a participação ativa dos alunos* no fórum de discussão e o nível de conhecimentos que adquiriram no curso em linha, foi calculado um coeficiente de correlação de Pearson (Pearson *r*).

Para a quarta questão de investigação, foi realizada uma ANOVA de duas vias, a fim de verificar se existe uma interação entre cada uma das variáveis intervenientes e a variável dependente *nota de aproveitamento*, que se refere à nota total do aluno no pós-teste.

Para estimar a expetativa condicional da variável dependente *nota de aproveitamento* em função das variáveis intervenientes, foi efectuada uma análise de regressão multivariada.

Capítulo 4

4. Resultados

Neste estudo, foram investigados os efeitos de fóruns de discussão estruturados na aquisição de diferentes tipos de conhecimento por parte de estudantes de informática e na melhoria das suas competências de colaboração em cursos totalmente online. Para responder às questões de investigação, foi realizada uma experiência de campo com pré e pós-testes e um inquérito.

4.1 Estatísticas descritivas

Um total de 135 alunos participaram em sete cursos totalmente em linha. Um total de 123 alunos participou nos pré e pós-testes e devolveu questionários válidos, o que representa 91% de todos os participantes. Os participantes foram divididos em dois grupos: 60 (48,8%) alunos participaram em fóruns de discussão estruturados (grupo experimental) e 63 (51,2%) alunos participaram em fóruns de discussão não estruturados (grupo de controlo). Em ambos os grupos, a maioria dos participantes (95%) era do sexo feminino. Apenas dois alunos (3,2%) do grupo de controlo declararam não ter ligação à Internet em casa, enquanto todos os alunos do grupo experimental tinham ligação à Internet em casa. A Tabela 5 apresenta as estatísticas descritivas da população de participantes, organizadas por tipo de fórum de discussão.

Tabela 5: Estatísticas descritivas da população de participantes por tipo de fórum de discussão

		Structured D.F. (experimental)	Unstructured D.F. (control)	Total
N (%)		60 (48.8%)	63 (51.2%)	123 (100%)
Gender	**Female**	57 (95%)	60 (95.2%)	117 (95.1%)
	Male	3 (5%)	3 (4.8%)	6 (4.9%)
Internet at home		60 (100%)	61 (96.8%)	121 (98.4%)
Academic year	**Second**	26 (43.3%)	26 (41.3%)	52 (42.3%)
	Third	28 (46.7%)	27 (42.9%)	55 (44.7%)
	Fourth	6 (10%)	10 (15.9%)	16 (13%)
Online learning environment	**Moodle**	38 (63.3%)	41 (65.1%)	79 (64.2%)
	MofetNet	22 (36.7%)	22 (34.9%)	44 (35.8%)

Como mostra a Tabela 5, 43,3% dos alunos do grupo experimental eram alunos do segundo ano, 46,7% do terceiro ano e 10% do quarto ano. Do mesmo modo, 41,3% dos alunos do grupo de controlo eram alunos do segundo ano, 42,9% do terceiro ano e 15,9% do quarto ano. A Tabela 5 também apresenta que 64,2% dos estudantes participaram no ambiente de aprendizagem em linha Moodle (N=79) e 35,8% participaram no ambiente de aprendizagem em linha MofetNet (N=44). O ambiente de aprendizagem em linha Moodle foi utilizado na Faculdade Académica de Beit Berl e o ambiente de aprendizagem em linha MofetNet foi utilizado na Faculdade Académica de Educação Al-Qasemi.

As figuras 4 e 5 abaixo mostram a distribuição dos alunos em ambos os grupos por tempo de participação em fóruns de discussão fora da faculdade durante a semana e por experiência prévia em aprendizagem em linha.

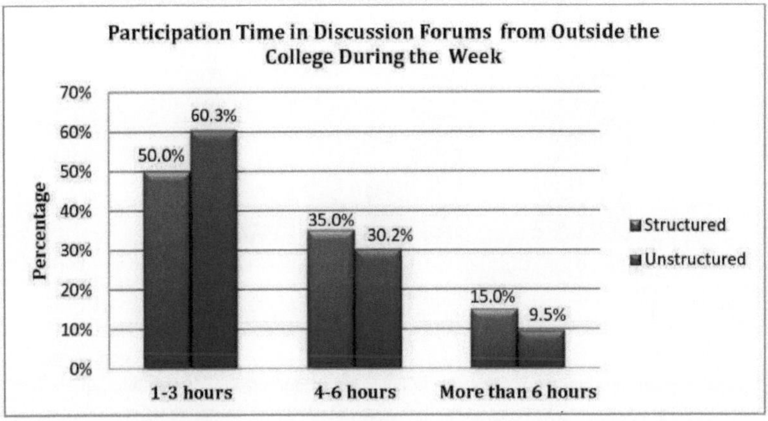

Figura 4. Percentagem de alunos por tempo de participação em fóruns de discussão de fora da faculdade durante a semana.

Como se pode ver na Figura 4, 50% dos participantes nos fóruns de discussão estruturados e 60,3% dos participantes nos fóruns de discussão não estruturados afirmaram ter participado cerca de uma a três horas nos fóruns de discussão fora da faculdade durante a semana. Da mesma forma, 35% dos participantes do grupo experimental e 30,2% dos participantes do grupo de controlo investiram cerca de quatro a seis horas, enquanto 15% dos alunos do grupo experimental e 9,5% dos alunos do grupo de controlo declararam que o seu tempo de participação nos fóruns de discussão fora da universidade era superior a 6 horas durante a semana.

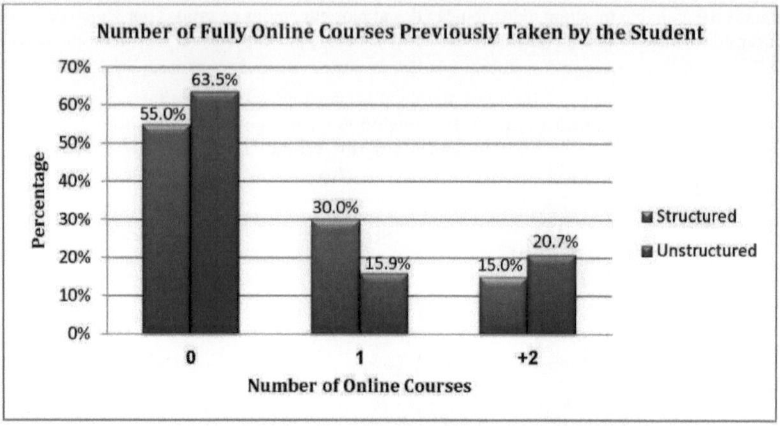

Figura 5. Percentagem de alunos por experiência anterior em aprendizagem em linha, que é o número de cursos totalmente em linha concluídos anteriormente pelo aluno.

Como se pode ver na Figura 5, a maior percentagem de alunos de ambos os grupos (55% no grupo experimental e 63,5% no grupo de controlo) nunca tinha participado num curso totalmente em linha. 30% do grupo experimental e 15,9% do grupo de controlo afirmaram ter frequentado um curso totalmente em linha. Uma vez que o número de estudantes que completaram dois ou mais cursos totalmente em linha em ambos os grupos era relativamente pequeno, foram agrupados e apresentados como um único grupo. 15% dos alunos do grupo experimental e 20,7% dos alunos do grupo de controlo referiram ter concluído dois a quatro cursos totalmente em linha antes de iniciarem esta investigação. A média desta variável é de 0,72, com um desvio padrão de 1,096.

A descrição das distribuições acima mostra que ambos os grupos (experimental e de controlo) têm antecedentes semelhantes em termos de experiência de aprendizagem em linha ($\chi^2(2, N= 123)=3,613, p<0,164$) e tempo de participação em fóruns de discussão fora da faculdade durante a semana ($\chi^2(2, N=123)=1,569, p<0,456$).

Para caraterizar o nível de conhecimento prévio dos alunos sobre a matéria, foi aplicado um pré-teste antes do início do curso em linha. O pré-teste abrangia o material de um curso que os alunos tinham de frequentar como pré-requisito para o curso em linha e incluía quatro perguntas sobre cada tipo de conhecimento (saber o *quê*, *saber* como, saber *porquê*). O intervalo de pontuações que descreve o nível de conhecimentos prévios dos estudantes situa-se entre 32 e 100, com uma média de 72,1 (S.D.=14,97). Com base nos dados recolhidos no pré-teste, os alunos do foram divididos em três grupos, de acordo com as suas classificações no pré-teste: (1) grupo de nível baixo: incluía os alunos com uma classificação entre 32 e 64, (2) grupo de nível médio: incluía os alunos com uma classificação entre 65 e 84, e (3) grupo de nível elevado: incluía os alunos com uma classificação entre 85 e 100.

A Figura 6 abaixo mostra que a distribuição do número de alunos de acordo com o seu nível de conhecimento prévio foi muito semelhante em ambos os grupos. Além disso, foi efectuado um teste de Qui-quadrado para determinar esta distribuição e o resultado ($\chi^2(2, N= 123)=0,328$, $p<0,849$) não revelou qualquer diferença significativa entre os alunos de ambos os grupos no que respeita ao nível de conhecimentos prévios. Isto indica que a divisão dos alunos em ambos os grupos de investigação foi aleatória e que os alunos de ambos os grupos tinham conhecimentos prévios quase iguais sobre a matéria. Assim, as amostras de ambos os grupos são comparáveis entre si.

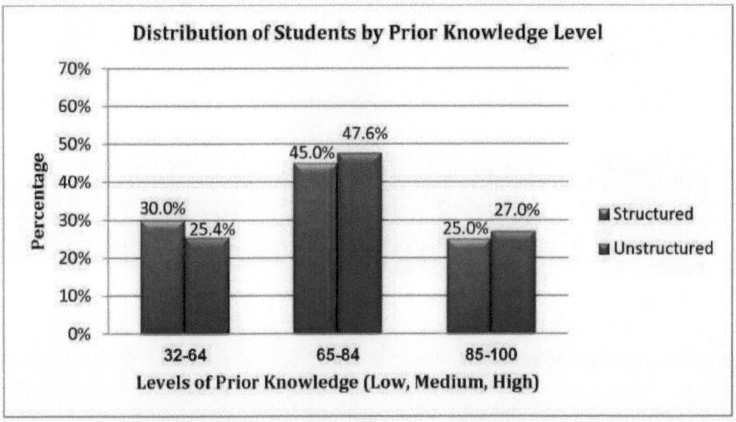

Figura 6. Distribuição dos alunos por nível de conhecimento prévio da matéria em ambos os grupos de investigação

4.2 Testar o efeito dos fóruns de discussão estruturados na aquisição de conhecimentos

A primeira questão de investigação perguntava se existiam diferenças entre os participantes dos fóruns de discussão estruturados (grupo experimental) e os participantes dos fóruns de discussão não estruturados (grupo de controlo) na aquisição de cada um dos seguintes tipos de conhecimento: (1) *saber-o-quê*, (2) saber-fazer e (3) saber-porquê.

A variável dependente "*escore de aproveitamento*" foi medida com um pós-teste e foi calculada como a soma das três subvariáveis seguintes: (1) escore na aquisição do "saber o *quê*", (2) escore na aquisição do "saber como" e (3) escore na aquisição do "saber por *que*". A Figura 7 mostra as médias da variável dependente *pontuação de realização* (pontuação total no pós-teste) em ambos os grupos. A média das pontuações totais no grupo experimental foi de 75,05% e no grupo de controlo de 68,28%.

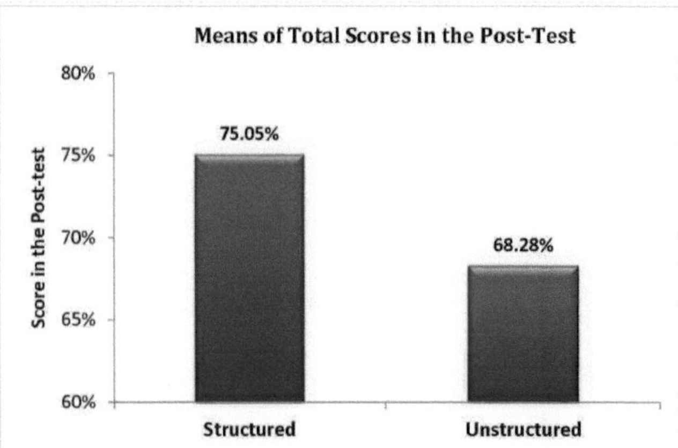

Figura 7. Médias das pontuações totais no pós-teste

A comparação das médias entre o grupo experimental e o grupo de controlo foi efectuada com um teste t para amostras independentes (ver Quadro 6 para as médias, desvios-padrão e resultados do teste t). Isaac e Michael (1990) indicaram que o teste t é uma técnica estatística adequada para determinar uma diferença significativa entre médias. Os resultados mostraram que a média das pontuações totais no grupo experimental (M=75,05) é significativamente mais elevada (p<.01) do que a média das pontuações totais no grupo de controlo (M=68,28). O desvio padrão para o grupo experimental foi de 15,60 e de 15,75 para o grupo de controlo. Assim, os resultados do grupo experimental comparados com os resultados do grupo de controlo revelaram uma diferença positiva significativa nas classificações de aquisição de conhecimentos de conteúdo obtidas no pós-teste.

Tabela 6: Médias das pontuações e desvios-padrão de cada tipo de conhecimento em ambos os grupos e resultados do teste t entre o grupo experimental e o grupo de controlo

Variable	**Experimental (N=60)**		**Control (N=63)**		$\mathbf{T_{(121)}}$
	Mean	S.D.	Mean	S.D.	
Score on know-what	17.85	3.23	17.90	3.38	-0.092
Score on know-how	31.47	7.38	29.00	8.03	1.770*
Score on know-why	25.73	9.73	21.38	9.46	2.514**
Achievement score (total score)	75.05	15.60	68.28	15.75	2.392**

*p< .05, **p< .01

Para saber em que tipos de conhecimentos havia diferenças na aquisição de conhecimentos entre o grupo experimental e o grupo de controlo, foi realizado um teste t para amostras independentes (Tabela 6). A comparação entre as médias das pontuações obtidas em cada um dos tipos de conhecimento mostrou que a maior contribuição para esta diferença foi causada pelo tipo de conhecimento "*why*" (ver também Figura 8). Neste tipo de conhecimento, a diferença entre as médias do grupo experimental e do grupo de controlo foi igual a 4,35 ao nível de significância de 0,01. Da mesma forma, foi encontrada uma diferença significativa igual a 2,47 entre as médias dos dois grupos no tipo de conhecimento "*como*" com vantagem para o grupo experimental ao nível de significância de .05. Para o tipo de conhecimento " *o quê*", não houve diferença significativa nas médias das pontuações de aquisição de conhecimento de conteúdo entre os alunos que participaram no grupo experimental em comparação com os que participaram no grupo de controlo. Em ambos os grupos de investigação, a média das pontuações no tipo de conhecimento "*o quê*" foi de aproximadamente

17%. A pontuação máxima para as questões sobre o tipo de conhecimento "*o quê*" foi de 20% da pontuação total no pós-teste. Para as questões sobre cada um dos tipos de conhecimento "*como*" e "*porquê*" a pontuação máxima foi de 40% da pontuação total.

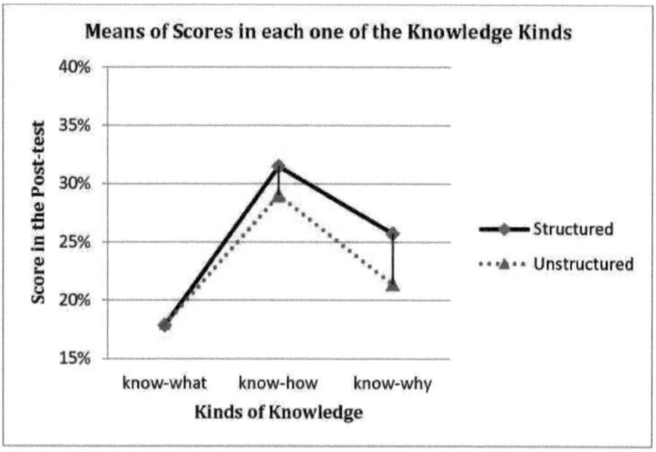

Figura 8. Médias das pontuações em cada um dos três tipos de conhecimento obtidas no grupo experimental e no grupo de controlo

4.3 Testar o efeito das variáveis intervenientes e a interação de cada uma delas com o tipo de grupo na aquisição de conhecimentos

A quarta questão de investigação perguntava se as seguintes variáveis intervenientes afectavam a aquisição de conhecimentos pelos alunos: (1) *ano académico*, (2) *experiência anterior em aprendizagem em linha*, (3) *tempo de participação em fóruns de discussão* fora da faculdade durante a semana, (4) *ambiente de aprendizagem em linha*, e (5) *conhecimento prévio da matéria.* Para testar se as diferenças demonstradas na aquisição de conhecimentos entre o grupo experimental e o grupo de controlo dependiam de qualquer um destes factores, foi realizada uma ANOVA de duas vias. Os resultados obtidos são descritos nas sub-secções seguintes.

4.3.1 O efeito do ano letivo na aquisição de conhecimentos

Os alunos que participaram neste estudo estavam no segundo, terceiro ou quarto ano académico. O resultado do teste ANOVA de duas vias realizado mostrou que não houve efeito significativo da variável independente *ano académico* na variável dependente *nota de aproveitamento* (nota total no pós-teste) (F(2,117)=0,857, NS). Além disso, não foi encontrado um efeito significativo para a interação entre as variáveis independentes *tipo de fórum de discussão* e *ano académico* na *pontuação de realização* (F(2,117)=0,459, NS), indicando que o efeito do tipo de grupo na aquisição de conhecimentos não dependia do fator *ano académico.*

4.3.2 O Efeito da Experiência Prévia na Aprendizagem Online na Aquisição de Conhecimentos A variável independente *experiência prévia na aprendizagem online* indica o número de cursos totalmente online concluídos pelo estudante antes da participação nesta investigação. Ao testar se existia uma relação entre esta variável independente e a *classificação de desempenho*, não se verificou qualquer efeito significativo da *experiência prévia* dos estudantes na aprendizagem em linha sobre a variável dependente *classificação de desempenho* (F(2,117)=2,494, NS). Os resultados também mostraram que não foi encontrado nenhum efeito significativo para a interação entre a *experiência prévia* dos alunos *na aprendizagem em linha* e o tipo de grupo na pontuação total de *realização* (F(2,117)=2,976, NS). Assim, o efeito do *tipo de fórum de discussão* na *pontuação de* conhecimentos adquiridos não dependia da *experiência prévia* dos alunos *na aprendizagem em linha.*

4.3.3 O efeito do tempo de participação em fóruns de discussão na aquisição de conhecimentos

Não foi encontrado nenhum efeito significativo para o *tempo de participação em fóruns de discussão* fora da faculdade durante a semana na pontuação de *desempenho* (F(2,117)=1.503, NS), assim como não foi encontrado nenhum efeito significativo para a interação entre esta variável independente e o *tipo de fórum de discussão* na *pontuação de desempenho* (F(2,117)=0.107, NS). Estes resultados indicam que as diferenças obtidas na aquisição de conhecimentos entre os dois grupos de investigação não dependeram do fator *tempo de participação em fóruns de discussão.*

4.3.4 O efeito do ambiente de aprendizagem em linha na aquisição de conhecimentos

Neste estudo, os cursos em linha foram ministrados utilizando os dois ambientes de aprendizagem em linha seguintes: (1) Moodle, (2) MofetNet. Os resultados mostraram que não houve um efeito significativo do *ambiente de aprendizagem em linha* na *pontuação de realização* (F(l,119)=3,03, NS) e que não houve um efeito significativo da interação entre o tipo de grupo e o *ambiente de aprendizagem em linha* no nível de aquisição de conhecimentos pelos alunos (F(l,119)=0,107, NS).

4.3.5 O Efeito do Conhecimento Prévio da Matéria na Aquisição de Conhecimentos Para testar se o efeito do tipo de grupo na *nota de realização* estava dependente do fator *conhecimento prévio da matéria por* parte dos alunos, foi realizada uma ANOVA de duas vias. Os resultados mostraram que houve um efeito significativo (Tabela 7) da variável independente *conhecimento prévio da matéria* na *nota de realização da aquisição de* conhecimentos (F(2,117)=21,115, p<.001).

Tabela 7: O efeito do tipo de fórum de discussão e dos conhecimentos prévios dos alunos *sobre a na classificação do desempenho*

Source	**Sum of squares**	**df**	**Mean Square**	**F**
Group	1812.89	1	1812.89	9.76*
Knowledge Level	7844.163	2	3922.08	21.115**
Interaction	215.014	2	107.507	.579
Error	21732.51	117	185.75	
Total	661447	122		

*p<.002, **p<.001

Para determinar se existia uma diferença significativa nas classificações de desempenho entre dois níveis de conhecimentos prévios para além do tipo de grupo (considerando todos os alunos como um grupo), foi efectuado um teste post-hoc de Tukey. Os resultados indicam que existem diferenças significativas (Tabela 8) entre os três níveis de conhecimentos prévios a um nível de significância inferior a 0,1% ($p<.001$), que podem ser descritas da seguinte forma:

A média das pontuações de realização no nível de conhecimento baixo foi igual a 60,59 (D.S. = 17,83) e foi significativamente inferior à média das pontuações obtidas no grupo com o nível de conhecimento médio (M=72,44, D.S. =12,81), sendo que este último também teve uma média significativamente inferior à média das pontuações indicadas no grupo com o nível de conhecimento alto (M=81,75, D.S. =11,36).

Por outro lado, verificou-se que o efeito do *conhecimento prévio* dos alunos sobre a matéria na *pontuação de realização* (ver Figura 9) não dependia do *tipo de fórum de discussão* ($F(2,117)=0,579$, NS).

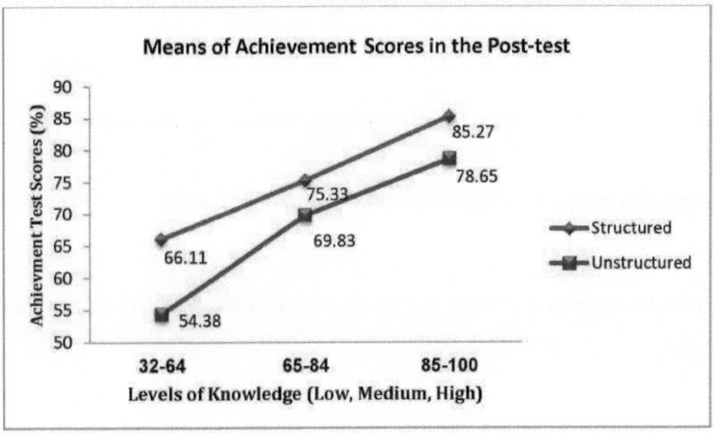

Figura 9. Médias nos três níveis de conhecimento prévio de acordo com o tipo de grupo

Para examinar o efeito da experiência na aquisição de conhecimentos dos alunos em cada um dos três níveis de conhecimentos prévios, foi realizado um teste t para duas amostras independentes em cada nível de conhecimentos prévios (Tabela 8). Os resultados mostraram que, em cada nível de conhecimentos prévios, a média das pontuações obtidas no grupo experimental foi superior à média das pontuações obtidas no grupo de controlo, com um nível de significância de 0,05.

Tabela 8: Comparação das médias entre o grupo experimental e o grupo de controlo em cada *nível de conhecimentos* prévios

Prior Knowledge Level	**Experimental & Control**		**Experimental**			**Control**			
	Mean	**S.D.**	**Mean**	**S.D.**	**N**	**Mean**	**S.D.**	**N**	
32-64	60.59	17.83	66.11	17.7	18	54.38	16.33	16	$T_{(32)}=2$**
65-84	72.44	12.81	75.33	12.55	27	69.83	12.68	30	$T_{(55)}=1.643$*
85-100	81.75	11.36	85.27	11.74	15	78.65	10.38	17	$T_{(30)}=1.693$*
Total			75.05	15.6	60	68.29	15.75	63	

*$p<.05$, **$p<.03$ (1-tailed)

A diferença mais proeminente entre os dois grupos de investigação (ver Figura 9) foi obtida no grupo de alunos com baixo nível de conhecimentos prévios (diferença de médias =11,73, $p<.03$).

4.4 Testar o Efeito das Variáveis de Intervenção e as suas Interações com o Tipo de Grupo na Aquisição dos Três Diferentes Tipos de Conhecimento Separadamente

Para testar se o efeito do *tipo de fórum de discussão* na aquisição de conhecimentos em cada um dos três tipos de conhecimento separadamente dependia das variáveis intervenientes na investigação descritas na questão de investigação número quatro, foi efectuada uma ANOVA de duas vias. Os resultados estão listados na Tabela 9.

Quadro 9: Efeito de interação entre o tipo de grupo e cada uma das variáveis de intervenção em cada um dos três tipos de conhecimento separadamente

	Factor	df	Knowledge kind	M.S. (factor)	$F_{st.}$ (factor)	$F_{st.}$(Factor x group type)
1	*Academic year*	2	What	13.06	1.19	0.51
			How	248.00	4.34*	0.38
			Why	49.03	0.52	0.24
2	*Prior experience in online learning*	2	What	19.19	1.76	1.24
			How	226.13	3.91*	0.04
			Why	33.22	0.36	1.35
3	*Participation time in discussion forums*	2	What	14.73	1.33	0.06
			How	160.03	2.73	0.37
			Why	64.00	0.69	0.57
4	*Online learning environment*	1	What	47.82	4.47*	0.42
			How	354.03	6.15*	0.21
			Why	2.17	0.02	0.20
5	*Prior knowledge of subject matter*	2	What	25.21	2.33	0.44
			How	863.8	19.68**	4.62*
			Why	847.6	10.56**	0.29

*p<.05, **p<.01

1. Ano académico

Os resultados do teste ANOVA de duas vias realizado mostraram que houve um efeito significativo para o fator *ano académico* na aquisição do tipo de conhecimento "*how*" (F(2,117)=4.34, p<.05). No entanto, não foi encontrado um efeito de interação significativo entre o *ano letivo* e o *tipo de fórum de discussão* na aquisição do tipo de conhecimento "*how*" (F(2,117)=0.38, NS). Assim, o efeito da variável interveniente *ano letivo* na aquisição do tipo de conhecimento "*how*" não foi dependente do tipo de grupo. Consequentemente, as diferenças reveladas entre ambos os grupos de investigação (experimental e de controlo) na aquisição de conhecimentos dos tipos "*como*" ou "*porquê*", conforme ilustrado na Tabela 6, não foram dependentes do *ano académico* do aluno.

2. Experiência prévia em aprendizagem em linha

Verificou-se também que existia um efeito significativo para o fator *experiência prévia* dos alunos na *aprendizagem online* sobre a aquisição do conhecimento tipo "*how*" (F(2,117)=3.91, p<.05). Por outro lado, não foi encontrada qualquer interação entre as variáveis *experiência prévia na aprendizagem online* e *tipo de fórum de discussão* sobre o conhecimento aquisição do tipo "*how*"" (F(2,117)=0.04, NS). Por conseguinte, o efeito do fator *experiência prévia dos alunos* na *aprendizagem em linha* sobre a aquisição do conhecimento tipo "*como*" não foi dependente do *tipo de fórum de discussão*. Consequentemente, as diferenças indicadas entre o grupo experimental e o grupo de controlo na aquisição de conhecimentos dos tipos "*como*" ou "*porquê*" (Tabela 6) não dependiam da experiência prévia dos alunos na aprendizagem em linha.

3. Tempo de participação em fóruns de discussão

A Tabela 9 mostra ainda que não foi encontrado um efeito significativo para a variável interveniente *tempo de participação em fóruns de discussão* exteriores à faculdade durante a semana na aquisição de qualquer tipo de conhecimento, bem como, não foi obtida uma interação significativa entre esta variável interveniente e a variável independente *tipo de fórum de discussão* na aquisição de qualquer um dos três tipos de conhecimento. Isto indica que as diferenças reveladas entre os dois grupos de investigação na aquisição de conhecimentos dos tipos " *como*" ou " *porquê*", conforme descrito na Tabela 6, não dependeram do tempo de participação no fórum de discussão investido pelo aluno externo à faculdade durante a semana.

4. Ambiente de aprendizagem em linha

Relativamente à variável interveniente *ambiente de aprendizagem online,* os resultados mostraram que se obteve um efeito significativo na aquisição dos tipos de conhecimento ""*o quê*" (F(2,117)=4.47, p<.05)e ""*como*"" (F(2,117)=6.15, p<.05), mas não se encontrou um efeito de interação significativo entre as variáveis independentes *ambiente de aprendizagem online* e *tipo de fórum de discussão* na aquisição de qualquer tipo de conhecimento. Os alunos que participaram no ambiente de aprendizagem online "Moodle" revelaram uma média mais elevada do que os que participaram no ambiente de aprendizagem online "MofetNet", independentemente do tipo de grupo. A média na aquisição de conhecimentos do tipo ""*o quê*"" entre os alunos que participaram no "Moodle" foi igual a 18,34 (DP= 2,94) em comparação com 17,05 (DP=3,76) para os alunos que participaram no "MofetNet". Da mesma forma, a média na aquisição de conhecimentos do tipo "*como*" entre os alunos do "Moodle" foi igual a 31,46 (DP=6,93) em comparação com 27,95 (DP=8,78) entre os alunos que estudaram utilizando o "MofetNet". Certamente, as diferenças obtidas entre o grupo experimental e o grupo de controlo na aquisição de conhecimentos dos tipos "*como*" ou "*porquê*" (Tabela 6) não dependiam do *ambiente de aprendizagem em linha.*

5. *Conhecimento prévio da matéria*

Em relação ao conhecimento prévio do aluno *sobre a matéria*, obteve-se um efeito significativo na aquisição do tipo de conhecimento "*why*" ($F(2,117)=10.56$, $p<.01$) mas não se verificou um efeito significativo de interação entre o *conhecimento prévio* do aluno *sobre a matéria* e o tipo de grupo ($F(2,117)=0.29$, NS). Por outro lado, obteve-se um efeito significativo para a interação entre o fator *conhecimento prévio da matéria* e a variável independente *tipo de fórum de discussão* na aquisição do conhecimento tipo "*como*" ($F(2,117)=4,62$, $p<.05$). Como se pode ver na Figura 10, é de notar que os efeitos simples do *conhecimento prévio da matéria* sobre a aquisição do tipo de conhecimento "*como*" são ordinais e, assim, o efeito principal do conhecimento prévio sobre a aquisição do tipo de conhecimento " *como*" que se obteve ($F(2,117)=19.62$, $p<.01$) é estatisticamente significativo ao nível de significância de .01. Este resultado indica a significância deste efeito, enquanto a diferença mais significativa na aquisição do tipo de conhecimento "*como*"' foi de 8,6 pontos a favor dos alunos com baixo conhecimento prévio que participaram no grupo experimental em comparação com os que participaram no grupo de controlo.

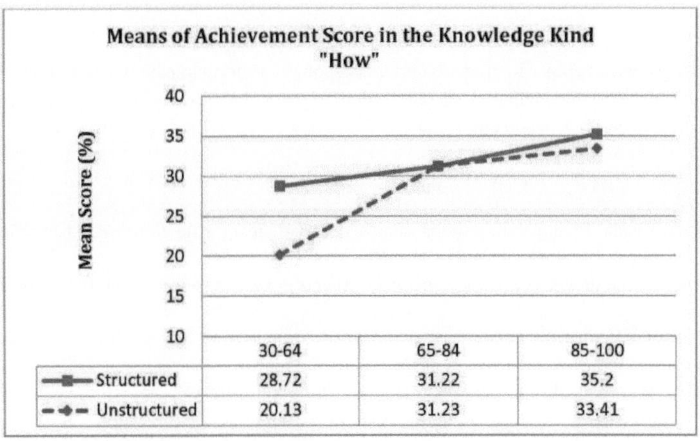

Figura 10. Pontuações médias na aquisição do conhecimento tipo "*como*" de acordo com o tipo de grupo e o *conhecimento prévio* do aluno *sobre a matéria.*

4.5 Testar o efeito dos fóruns de discussão estruturados na melhoria das competências de colaboração

Para responder à segunda questão de investigação relativa ao efeito do fórum de discussão estruturado na colaboração entre os alunos e na melhoria das suas *competências de colaboração* em comparação com os que participaram no fórum de discussão não estruturado, foi efectuado um teste t para comparar duas médias independentes. Os resultados são apresentados na Tabela 10.

Tabela 10: Efeito dos tipos de fóruns de discussão na melhoria das competências de colaboração

Variable	**Experimental (N=60)**		**Control (N=63)**		
	Mean	S.D	Mean	S.D	$T_{(121)}$
Collaborative skills	4.01	0.36	3.1	0.55	10.87**

** p<0.001

Os alunos de ambos os grupos de investigação preencheram o questionário concebido para medir a variável dependente *competências de colaboração* depois de concluírem o curso em linha. As afirmações do questionário foram classificadas de 1 a 5, sendo que 1 indicava "forte desacordo" e 5 indicava "forte acordo".

Os resultados descritos na Tabela 10 mostram que os alunos que participaram no fórum de discussão estruturado apresentam uma média da variável *competências de colaboração* igual a 4,01 (S.D. 0,36) que é superior a 3,1 (S.D. 0,55), a média revelada para a mesma variável pelos alunos do fórum de discussão não estruturado. A diferença obtida entre os dois grupos foi estatisticamente significativa (t(121)=10.87, p<.001) a um nível razoável de significância.

4.6 Atividade dos alunos e aquisição de conhecimentos

A terceira questão de investigação deste estudo perguntava se existia uma relação entre a atividade dos alunos no fórum de discussão e o nível de conhecimentos que adquiriram no curso em linha. A variável independente *Participação ativa dos alunos* foi considerada aqui como o número de mensagens iniciadas e o número de respostas enviadas pelo aluno para o fórum de discussão. A Tabela 11 apresenta algumas estatísticas descritivas sobre o número de mensagens iniciadas e de respostas enviadas pelos alunos do grupo experimental e pelos alunos do grupo de controlo para o fórum de discussão.

Tabela 11: Médias e desvios-padrão das mensagens iniciadas e das respostas no grupo experimental e no grupo de controlo

Variable	**Experimental & Control (N=123)**		**Experimental (N=60)**		**Control (N=63)**	
	Mean	S.D.	Mean	S.D.	Mean	S.D.
Initiated posts	41.91	59.67	50.65	62.13	33.60	56.47
Replies	17.33	15.54	21.23	15.73	13.60	14.52

A variável dependente foi a *nota de aproveitamento*, que se refere à nota total dos alunos no pós-teste. Para examinar esta relação, foi calculado o coeficiente de correlação de Pearson (Pearson *r*). Os resultados mostraram que não havia uma relação significativa, a qualquer nível razoável de significância, entre o número de mensagens iniciadas enviadas pelo aluno para o fórum de discussão e a *nota de aproveitamento* (r=0,053, sig.=0,56). Por outro lado, obteve-se uma relação baixa mas significativa (r=0,2, sig.=0,03), a um nível de significância de 0,05, entre o número de respostas enviadas pelo aluno para o fórum de discussão e a *classificação de aproveitamento* do aluno no curso em linha. Para verificar se esta relação obtida era significativa, foi calculada uma correlação parcial entre as duas variáveis com controlo sobre a variável independente *tipo de fórum de discussão*. A correlação revelada foi de 0,153 (sig.=0,093), o que não é estatisticamente significativo. Este resultado mostra que a relação obtida entre o número de respostas enviadas pelo aluno para o fórum de discussão e a *nota de aproveitamento* não foi confirmada.

4.7 Previsão da pontuação de desempenho por meio das variáveis independentes da pesquisa

Para identificar as variáveis independentes que explicam de forma significativa a *nota de aproveitamento* obtida pelo aluno no pós-teste, foi realizada uma regressão multivariada em etapas, uma vez em passos para frente e outra em passos para trás. Após o mapeamento das variáveis não significativas, os resultados da regressão mostraram que a *nota de aproveitamento* pode ser explicada de forma significativa por meio das seguintes variáveis:

1. DFT =se o aluno estava a participar num fórum de discussão estruturado, caso contrário 0.

2. OLE = 1 o curso em linha foi ministrado no Moodle, senão 0 (MofetNet).

3. PreS: pontuação total no pré-teste.

4. Repetição: Mensagens enviadas pelo aluno para o fórum de discussão como uma repetição.

5. PostS: pontuação de realização que é a pontuação total no pós-teste.

6. OlExp: número de cursos totalmente em linha efectuados anteriormente pelo estudante.

Tabela 12: Previsão da variável dependente Pontuação de aproveitamento por meio das variáveis independentes

Independent Variables	**Coefficients**	**$T_{(117)}$**	**Sig**
Constant	16.64	2.85	.005
OLE	7.27	2.42	.017
DFT	5.77	2.5	.014
OlExp	2.14	2.07	.041
PreS	0.58	7.59	.000
Rep	0.23	2.38	.019

R=0,668, R-quadrado= 44,6%

44,6% da diferença da nota de *aproveitamento* pode ser explicada através das variáveis independentes, conforme descrito na Tabela 11. A equação de regressão para a previsão da pontuação de *realização* é a seguinte

$$\widehat{\boldsymbol{PostScore}} = 16.64 + 7.27 * OLE + 5.77 * DFT + 2.14 * OlExp + 0.58 * PreS + 0.23 * Rep$$

Os resultados mostram que o fórum de discussão estruturado contribui, em média, com 5,77 pontos para a *pontuação* de realização em relação ao contributo dado pelo fórum de discussão não estruturado para a pontuação de realização. Do mesmo modo, o ambiente de aprendizagem "Moodle" contribui, em média, com 7,27 pontos para a *nota* de realização em relação ao contributo dado pelo ambiente de aprendizagem "MofetNet" para a nota de realização.

4.8 Capítulo dos resultados: Resumo

Neste estudo, a aquisição de conhecimentos foi medida através de um pós-teste após a conclusão do curso em linha. Foram realizadas análises estatísticas para verificar se os participantes do fórum de discussão estruturado (grupo experimental) adquiriram mais conhecimentos em comparação com os participantes do fórum de discussão não estruturado (grupo de controlo). As análises revelaram uma diferença estatisticamente significativa entre os dois grupos para a variável dependente *pontuação de realização.* A fim de determinar em que tipos de conhecimentos existem estas diferenças, foram efectuadas análises adicionais. Os resultados mostraram que havia diferenças significativas entre os dois grupos para a aquisição de conhecimentos do tipo "*como*" e a aquisição de conhecimentos do tipo "*porquê*". Não foram encontradas diferenças significativas entre os grupos na aquisição do conhecimento do tipo "*o quê"*.

Foram efectuadas outras análises estatísticas para testar se as diferenças indicadas na aquisição de conhecimentos entre os dois grupos dependiam de cada uma das seguintes variáveis intervenientes (questão de investigação 4): (1) *ano letivo*, (2) *experiência prévia em aprendizagem online*, (3) *tempo de participação em fóruns de discussão* exteriores à faculdade durante a semana, (4) *ambiente de aprendizagem online*, e (5) *conhecimento prévio da matéria.* Os resultados mostraram que apenas o fator *conhecimento prévio da matéria por* parte dos alunos teve um efeito significativo na *classificação total do desempenho*, enquanto os outros quatro factores não tiveram qualquer efeito significativo.

Os alunos de ambos os grupos foram classificados de acordo com os seus conhecimentos prévios em três níveis: alunos com elevado aproveitamento, alunos com aproveitamento médio e alunos com fraco aproveitamento. Era importante identificar entre que dois níveis de conhecimentos prévios existe uma diferença significativa nas médias das classificações. Os resultados indicaram que existem diferenças significativas entre os três níveis de conhecimentos prévios. Foram efectuadas análises estatísticas adicionais para determinar o efeito da experiência na aquisição de conhecimentos por parte dos alunos em cada um dos três níveis de conhecimentos prévios. A análise revelou que, em todos os três níveis de conhecimentos prévios, o grupo experimental obteve uma média significativamente mais elevada do que o grupo de controlo.

Também era interessante examinar se o efeito do *tipo de fórum de discussão* sobre a aquisição de conhecimentos em cada um dos três tipos de conhecimento (*o quê, como* e *porquê)*, separadamente, dependia das variáveis intervenientes acima referidas. Os resultados mostraram que o único efeito de interação significativo foi encontrado entre as variáveis independentes *conhecimento prévio do aluno sobre a matéria* e o *tipo de fórum de discussão* na aquisição de conhecimentos do tipo "*como*". Além disso, obteve-se um efeito significativo para cada um dos factores *ano académico* e *experiência prévia em aprendizagem online* na aquisição do conhecimento tipo "*how*". Além disso, encontrado um efeito significativo para a variável interveniente *ambiente de aprendizagem em linha* na aquisição dos tipos de conhecimento "*o quê*" e "*como*". Os alunos que participaram no ambiente de aprendizagem em linha "Moodle" obtiveram uma média mais elevada do que os que participaram no ambiente de aprendizagem em linha "MofetNet", independentemente do tipo de fórum de discussão.

Neste estudo, foi pedido a todos os participantes que, no final do curso online, preenchessem um questionário para medir a colaboração entre eles no fórum de discussão e a melhoria das suas competências de colaboração (questão de investigação 2). A análise dos dados recolhidos revelou uma diferença estatisticamente significativa entre os dois grupos para a variável dependente *competências de colaboração.* Ou seja, os participantes do fórum de discussão estruturado obtiveram uma classificação mais elevada na melhoria das suas competências de colaboração do que os participantes do fórum de discussão não estruturado.

A terceira questão de investigação deste estudo perguntava se existe uma relação entre *a participação ativa dos alunos* no fórum de discussão e a *pontuação total de aproveitamento* que adquiriram no curso em linha. Os resultados mostraram que não havia uma relação significativa entre a *participação ativa dos alunos* no fórum de discussão e a *pontuação total de aproveitamento.*

Capítulo 5

5. Discussão

Este estudo começou com o desenvolvimento de uma estrutura para o fórum de discussão baseada nos seguintes elementos: instruções preparatórias sobre a participação individual, instruções sobre a colaboração em grupo e o papel dos instrutores na organização da discussão. O fórum de discussão estruturado foi depois testado em sete cursos totalmente online durante dois anos lectivos. O principal objetivo desta investigação foi avaliar o impacto do fórum de discussão estruturado proposto na aquisição de três tipos de conhecimentos por parte de estudantes de informática em cursos online. Os três tipos de conhecimento são: *saber-o-quê*, saber-fazer e saber-porquê. O segundo objetivo foi determinar se a participação em fóruns de discussão estruturados contribui para a melhoria das competências de colaboração dos alunos. Os principais resultados mostraram que: (1) os alunos do fórum de discussão estruturado adquiriram mais conhecimentos dos tipos "*como*" e "*porquê*" em comparação com os alunos que participaram no fórum de discussão não estruturado, (2) as diferenças obtidas na aquisição de conhecimentos estavam também dependentes do *conhecimento prévio* do aluno *sobre a matéria*, e (3) os alunos do fórum de discussão estruturado melhoraram significativamente as suas *competências de colaboração* em comparação com os alunos do fórum de discussão não estruturado. As secções seguintes discutem mais detalhadamente os resultados em relação às questões de investigação específicas e sugerem implicações e possíveis direcções para investigação futura.

5.1 O efeito dos fóruns de discussão estruturados na aquisição de conhecimentos

Os resultados da primeira questão de investigação sobre o impacto do fórum de discussão estruturado na aprendizagem dos alunos mostraram que os alunos que participaram no fórum de discussão estruturado adquiriram mais conhecimentos gerais do que os alunos que participaram no fórum de discussão não estruturado.

5.1.1 Aquisição de conhecimentos do tipo "*porquê*"

O maior contributo para a diferença obtida na aquisição de conhecimentos entre os grupos experimental e de controlo foi na aquisição do tipo de conhecimento " *porquê*". O conhecimento do tipo "*know-why*" é caracterizado como conhecimento contextual (Lee & Strong, 2004) e diz respeito à compreensão das razões e princípios subjacentes ao desempenho das actividades (Garud, 1997).

Neste estudo, os alunos do grupo experimental trabalharam juntos em pequenos grupos de três ou quatro elementos, tendo em vista objectivos comuns, tais como a realização de actividades de aprendizagem em grupo e o projeto da disciplina. Os membros de cada pequeno grupo foram instruídos a discutir os objectivos das actividades de aprendizagem e a chegar a acordo sobre as estratégias que seriam utilizadas para a realização dessas actividades. A fim de chegar a um consenso sobre o processo para complementar com êxito a atividade de aprendizagem, os alunos com ideias e opiniões diferentes discutiram e argumentaram sobre os seus diferentes pontos de vista. Durante estas discussões, os alunos tentaram identificar, organizar, desenvolver e explorar os conhecimentos necessários para a atividade de aprendizagem. Estas discussões incidiram, em grande medida, sobre a compreensão dos princípios e objectivos subjacentes à realização da atividade. A este respeito, os alunos tiveram a capacidade de questionar e sugerir novas ideias e soluções. Este processo permitiu que os membros do grupo vissem diferentes pontos de vista e soluções para um problema, para suscitar um inquérito mais significativo, contribuindo assim para a construção do conhecimento contextual. Como já foi referido, o conhecimento do "saber *porquê"* é adquirido através da experiência e da compreensão dos objectivos e das relações causa-efeito subjacentes às actividades e procedimentos envolvidos no processo de desempenho (Lee & Strong, 2004). Esta interpretação pode explicar por que razão os alunos do grupo experimental adquiriram mais conhecimentos do tipo "*why*"" do que os alunos do grupo de controlo que não tinham experimentado actividades de aprendizagem em grupo e que também realizaram o seu projeto de curso individualmente. Esta conclusão é consistente com investigação anterior sobre actividades de aprendizagem em colaboração, que relata que os alunos que trabalham para a conclusão de um projeto de grupo adquiriram um conhecimento mais profundo do conteúdo (Wang et al., 2001; Zhang et al., 2009) e tornaram-se pensadores críticos (Mergendoller et al., 2006; Shepherd, 1998; Slavin, 1995; Tretten & Zachariou, 1995), uma vez que tiveram de descobrir o que era necessário fazer e trocar argumentos sobre a melhor solução de grupo e, portanto, tiveram de se envolver ativamente em investigações significativas.

Outra explicação para os resultados acima referidos pode ser o facto de os alunos do grupo experimental, ao contrário dos alunos do grupo de controlo, terem participado em dois níveis de discussão: o fórum de discussão dos pequenos grupos e o fórum de discussão central. Estabelecer um fórum de discussão para cada pequeno grupo de alunos e pedir-lhes que trabalhem em conjunto nas actividades de grupo ajudou a manter todos os membros envolvidos na discussão (Felder & Brent, 1994; Rau & Heyl, 1990), permitiu que os membros do grupo criassem um sentido de comunidade de alunos com objectivos partilhados e permitiu-lhes gerir a discussão de acordo com as suas necessidades. Esta forma de organizar a discussão em linha aumentou a interação e a interdependência do grupo (Hara, Bonk & Angeli, 2000). Além disso, encorajava os alunos e, em particular, aqueles com baixos níveis de conhecimento a não terem vergonha de pedir ajuda e esclarecimentos quando não compreendiam os materiais de aprendizagem, porque não estavam expostos a todos os alunos do curso em linha. Vários estudos concluíram que os fóruns de discussão de pequenos grupos proporcionam um local para discussões produtivas, apoiam a aprendizagem dos alunos e o desenvolvimento da comunidade e permitem que os alunos estabeleçam ligações entre os materiais do curso (Ashlock, 2003; Herman & Banister, 2007).

Por outro lado, cada pequeno grupo de alunos apresentava o seu produto no fórum de discussão central, onde todos os alunos de todos os grupos participavam, e depois discutiam as perguntas e comentários feitos pelos outros grupos sobre o seu trabalho. Esta oportunidade abriu a porta a discussões mais significativas, que se centraram principalmente nas questões "*porquê*". Estas discussões contribuíram para uma compreensão mais profunda dos temas aprendidos, bem como dos princípios subjacentes à realização das actividades sugeridas por cada grupo, uma vez que os membros do grupo foram convidados a defender as soluções propostas perante os outros grupos.

5.1.2 Aquisição de conhecimentos do tipo "*como*"

Outro resultado importante do presente estudo diz respeito à aquisição do tipo de conhecimento "*como*". Verificou-se que os alunos do grupo experimental adquiriram significativamente mais conhecimentos de saber-fazer do que os alunos do grupo de controlo. A diferença na aquisição do saber-fazer entre os dois grupos de investigação foi inferior à diferença que se obteve entre os mesmos grupos na aquisição do saber "*porquê*". O conhecimento do saber-fazer diz respeito à aquisição de competências e à capacidade de realizar actividades (Sanchez, 1997) e centra-se na prática e no aprender-fazendo (Brown et al., 1989; Sanchez, 1997). Esta conclusão está de acordo com outros estudos que compararam o efeito de fóruns de discussão estruturados e não estruturados nas competências de pensamento crítico. Estes estudos (Aviv et al., 2003; Brooks & Jeong, 2006; Gilbert & Dabbagh, 2005; Yang et al., 2008) referem que os estudantes que participaram num fórum de discussão estruturado demonstraram competências de pensamento crítico a um nível mais elevado do que os estudantes que participaram num fórum de discussão não estruturado.

Durante o curso em linha, os alunos do fórum de discussão estruturado foram confrontados com actividades de aprendizagem baseada em problemas (ABP) que tinham de ser realizadas no fórum de discussão de pequenos grupos. Estas actividades eram de natureza colaborativa e destinavam-se a melhorar a compreensão dos materiais aprendidos e a melhorar a resolução de problemas, o pensamento crítico e as competências de colaboração dos alunos. Este tipo de actividades deu aos pequenos grupos no fórum de discussão estruturado a oportunidade de discutir e argumentar sobre as ideias e estratégias que poderiam ser adoptadas e implementadas para resolver determinados problemas. Estas discussões incluíam a explicação e a análise do problema, bem como a geração e a avaliação das soluções possíveis. Para além disso, estas discussões também permitiram que o conhecimento *do saber-fazer* fosse mais explícito e acessível a todos os membros do grupo, contribuindo assim para a melhoria da aquisição do conhecimento *do saber-fazer* entre os alunos do fórum de discussão estruturado. Esta pode ser uma possível explicação para a descoberta da diferença na aquisição do saber-fazer entre os dois grupos de investigação. Esta interpretação está de acordo com estudos que investigaram a adoção da ABP em cursos online de informática e que demonstraram uma melhoria do pensamento crítico, da comunicação e das competências de resolução de problemas (Sendag & Odabasi, 2009; Brodie, 2006).

Outra explicação possível para esta conclusão está relacionada com a criação de grupos heterogéneos de alunos com níveis de conhecimento e capacidades diferentes, o que permitiu que os alunos mais fracos aprendessem com a ajuda de outros membros do grupo com mais conhecimentos. O processo de questionar e responder ajuda tanto os alunos mais fracos como os mais fortes a melhorar a sua compreensão dos materiais de aprendizagem (Felder & Brent, 1994; Garfield, 1993) e a apropriar-se de diferentes competências, como o pensamento crítico e a resolução de problemas (Bruffee, 1999; Roberts, 2004). Nos fóruns de discussão de pequenos grupos, os membros do grupo com diferentes níveis de conhecimento discutiram diferentes tipos de questões e comunicaram experiências e pontos de vista uns aos outros para a implementação bem sucedida das actividades de aprendizagem em grupo. Este tipo de discussão e colaboração permitiu que tanto os alunos mais fracos como os mais fortes adquirissem uma compreensão mais profunda dos materiais que estavam a ser aprendidos e estabelecessem relações entre os diferentes temas de aprendizagem. Isto implica que o agrupamento de alunos com conhecimentos de base mistos em torno de objectivos comuns beneficiou todos os membros do grupo e resultou numa maior aquisição de conhecimentos, especificamente dos tipos "*como*" e "*porquê*", tal como demonstraram os resultados do presente estudo.

Neste estudo, o instrutor colocou regularmente uma variedade de perguntas e problemas autênticos sobre diferentes tipos de conhecimento, numa tentativa de tornar a discussão mais eficaz e de promover uma compreensão profunda dos assuntos que estavam a ser aprendidos. Estudos demonstraram que os alunos preferem uma variedade de perguntas colocadas no fórum de discussão (Akin & Neal, 2007; Roper, 2007). "As perguntas feitas pelo instrutor não devem ser mundanas ou pedir a recordação de factos memorizados, mas devem ser desafiantes, de modo a tentar aprofundar a investigação e melhorar as oportunidades de aquisição ativa de conhecimentos" (Bender, 2003; p. 178). Durante o curso em linha, houve uma atividade em que cada pergunta era dirigida a um aluno diferente. Foi pedido aos alunos que respondessem às suas perguntas e comentassem as respostas dos outros alunos num determinado período de tempo. Esta forma de ativar o fórum de discussão ajudou os alunos a construir conhecimento e a envolverem-se mais na discussão e análise das diferentes perspectivas utilizadas na resolução de problemas. Neste processo, os alunos de todos os pequenos grupos participaram e foram expostos a um leque mais alargado de estratégias que podem levar à resolução de um determinado problema, uma vez que podem existir diferentes soluções para o problema, especialmente devido à natureza da aprendizagem da informática. Os alunos debateram entre si as soluções propostas e responderam a perguntas que tinham como objetivo descobrir por que razão apoiavam uma determinada solução e não uma diferente. Debates deste tipo contribuíram para o desenvolvimento do pensamento crítico e das capacidades de resolução de problemas e resultaram numa melhoria da aquisição de conhecimentos *especializados*. Contribuíram também para a aquisição do *saber-fazer* porque se preocuparam em justificar a solução proposta para o problema. Estudos (Garcia-Famoso, 2005; Kay et al., 2000) mostraram que a utilização de actividades baseadas nos princípios da ABP em cursos de informática promove competências de resolução de problemas, competências de pensamento crítico e competências de aprendizagem autónoma

Outro fator que também pode explicar a conclusão acima sobre a melhoria na aquisição de conhecimentos é o papel do instrutor no fórum de discussão estruturado. No início do curso em linha, os alunos do grupo experimental receberam instruções preparatórias e orientações claras para as discussões em linha. Esta informação incluía uma grelha de avaliação, explicações claras sobre o objetivo do fórum de discussão, instruções sobre como o utilizar e instruções sobre a colaboração em grupo. Instruções claras e simples para a discussão em linha e a definição de expectativas são importantes para tornar a interatividade entre alunos mais eficaz (Wozniak & Silveira, 2004) e para ajudar e motivar os alunos a contribuírem para os debates no fórum de discussão (Al-Shalchi, 2009; Lail & Lumb, 2010; Roper, 2007). Além disso, o envolvimento regular e controlado do instrutor no fórum de discussão através de feedback, apoio e questionamento ajudou a organizar o discurso e a criar um diálogo eficaz e orientado. Como resultado, os alunos foram motivados a contribuir para as discussões em curso e a construir significados através da interação uns com os outros, com o conteúdo e com o instrutor. Esta explicação é também apoiada por investigações anteriores sobre discussões em linha, que mostram que a participação e o apoio do instrutor no fórum de discussão incentivam frequentemente a interação e a participação dos alunos (Bender, 2003; Kearsley, 2000; Mazzolini & Maddison, 2007) e tornam a discussão mais eficaz e bem sucedida (Al-Shalchi, 2009; Lail & Lumb, 2010; Prasad, 2009).

5.1.3 Aquisição de conhecimentos do tipo "*o quê*"

Outra constatação foi a de que não existia diferença significativa entre os alunos do grupo experimental e do grupo de controlo na aquisição do tipo de conhecimento "*o quê*". O conhecimento do tipo "saber o *quê*", também designado por conhecimento declarativo (Byrnes, 1999; Shavelson et al., 2005), é codificado como um conjunto de factos e definições (Byrnes, 1999; Neef et al., 1998) e refere-se ao que se sabe sobre um determinado domínio (Anderson, 1982). Os alunos dos cursos em linha podem interagir com o conhecimento declarativo apresentado de diferentes formas. Por exemplo, o conhecimento declarativo pode ser encontrado nos materiais de aprendizagem carregados e nas referências ao curso em linha, na leitura de livros em , em bases de dados de conhecimento e no fórum de discussão. Os alunos podem aceder a estes recursos e aprender com eles de acordo com as suas necessidades. De acordo com este ponto de vista, o conhecimento do *saber-fazer* refere-se ao conhecimento explícito que é fácil de captar e transferir (Nonaka, 2002). Devido a estas caraterísticas do conhecimento "saber o quê", os alunos podem aprender individualmente este tipo de conhecimento a partir dos diferentes recursos, memorizando, sem sequer participarem ativamente nos debates que tiveram lugar no fórum de discussão. Esta pode ser uma possível razão para a conclusão obtida sobre a ausência de diferenças na aquisição do tipo de conhecimento "*o quê*" entre os dois grupos de investigação.

Uma segunda explicação possível para esta conclusão é o facto de a estrutura proposta para o fórum de discussão prestar mais atenção à aquisição e melhoria do conhecimento processual e menos à aquisição de conhecimento declarativo. A razão para tal depende da natureza do ensino das ciências informáticas, que normalmente inclui alguma forma de aprendizagem baseada em problemas ou inquéritos. Devido a este facto, a maior parte das actividades de aprendizagem e dos debates nos fóruns de discussão basearam-se na utilização de técnicas de resolução de problemas para resolver determinados problemas, bem como na compreensão das razões subjacentes à escolha de uma técnica específica, e basearam-se menos na aquisição de conhecimentos do tipo "saber o *que*".

Outra explicação possível para a ausência de diferenças na aquisição de conhecimentos do tipo "saber o *quê*" entre os dois grupos de investigação é o facto de os estudantes terem geralmente mais experiência com cursos que se centram basicamente no ensino tradicional e na memorização de informação. Em consonância com esta ideia, estudos (Gomes & Mendes, 2007; Jenkins, 2002) sugeriram que uma das razões pelas quais os alunos têm dificuldades em aprender programação é o facto de estarem habituados a cursos que se baseiam sobretudo em conhecimentos teóricos e na memorização, enquanto a programação necessita de uma abordagem mais prática, baseada sobretudo em actividades de resolução de problemas.

5.2 O efeito das variáveis de intervenção na aquisição de conhecimentos

Como referido no capítulo da metodologia, foram utilizadas neste estudo as seguintes variáveis intervenientes: (1) *ano letivo*, (2) *experiência prévia em aprendizagem online*, (3) *tempo de participação em fóruns de discussão*, (4) *ambiente de aprendizagem online* , e (5) *conhecimento prévio da matéria.* Os resultados mostraram que apenas a variável *conhecimento prévio da matéria* teve um efeito significativo na aquisição de conhecimentos pelo aluno. O conhecimento prévio dos alunos sobre a matéria foi determinado com a ajuda de um pré-teste realizado antes do início do curso em linha. Os resultados também mostraram que os alunos do grupo experimental em cada um dos três níveis de conhecimentos prévios (alunos com elevado aproveitamento, alunos com aproveitamento médio e alunos com baixo aproveitamento) adquiriram significativamente mais conhecimentos do que os alunos do grupo de controlo. Este resultado está de acordo com as conclusões da investigação sobre a aprendizagem colaborativa em cursos de informática em linha, que demonstrou que os alunos que participaram em actividades de aprendizagem colaborativa tiveram um desempenho académico mais elevado, obtiveram notas mais altas no curso e desenvolveram competências de programação mais sólidas do que os alunos que trabalharam individualmente (Benaya & Zur, 2007; McDowell et al., 2002; McKinney & Denton, 2006; Teague & Roe, 2007;).

Em cada curso em linha ministrado neste estudo, os alunos do grupo experimental trabalharam em pequenos grupos de competências mistas. Foram orientados para dominar os materiais de aprendizagem do curso e para realizar as actividades de aprendizagem em grupo solicitadas de forma colaborativa. Como mencionado na revisão da literatura, Vygotsky (1978, p.86) discutiu a colaboração no âmbito da sua teoria da "zona de desenvolvimento proximal" (ZPD). A ZPD indica que os alunos podem realizar determinadas tarefas sob a supervisão de uma pessoa mais capaz (por exemplo, um adulto) que não conseguem realizar sozinhos (Gijlers & de Jong, 2005; Huang & Liaw, 2004). Na perspetiva de Vygotsky, os alunos podem ter papéis diferentes durante o processo de aprendizagem em colaboração: o aluno mais capaz orienta o aluno menos capaz durante o processo de aprendizagem (Gijlers & de Jong, 2005). Por conseguinte, neste contexto de aprendizagem em colaboração, todos os alunos com diferentes conhecimentos prévios beneficiaram. Os alunos com mais conhecimentos melhoraram a sua compreensão dos materiais ao ensinarem os outros alunos e os alunos com menos conhecimentos beneficiaram ao serem ensinados (Felder & Brent, 1994; Garfield, 1993; Khatoon & Akhter, 2010). Esta pode ser uma possível explicação para a melhoria obtida na aquisição de conhecimentos pelos alunos do grupo experimental em cada um dos três níveis de conhecimentos prévios, em comparação com os alunos do grupo de controlo.

O estudo também examinou se o efeito do tipo de fórum de discussão na aquisição de conhecimentos em cada um dos três tipos de conhecimento separadamente era dependente das variáveis intervenientes. A conclusão foi que apenas se obteve um efeito de interação significativo entre a variável *conhecimento prévio da matéria* e o *tipo de fórum de discussão* na aquisição do tipo de conhecimento "*como*". Para além disso, a diferença mais significativa na aquisição do saber-*fazer* foi encontrada ao nível dos alunos com fraco aproveitamento. Isto indica que os alunos com o nível de conhecimentos prévios mais baixo foram os que mais beneficiaram da aquisição do tipo de conhecimento "como" em resultado da sua participação no fórum de discussão estruturado.

Stockdale e Williams (2004) examinaram os efeitos de grupos de aprendizagem em colaboração com capacidades mistas no desempenho em exames. Verificou-se que os alunos que obtiveram classificações baixas e médias no exame anterior melhoraram significativamente com a aprendizagem em colaboração, em comparação com os alunos com melhores resultados, que beneficiaram menos. Os investigadores concluíram que a organização de grupos de colaboração heterogéneos, com base no desempenho em exames anteriores, e a promoção da colaboração em grupo aumentam as perspectivas de aprovação dos alunos com fraco aproveitamento numa disciplina, em comparação com o ensino tradicional.

O ensino de cursos de informática e de programação está sobretudo relacionado com a descoberta de um método eficaz para resolver um problema (Algoritmo) e a implementação da solução como um programa de computador. A capacidade de criar algoritmos aumenta com a prática e exige raciocínio lógico e capacidade de resolução de problemas. Por conseguinte, o conhecimento prévio e, em particular, o conhecimento *do saber-fazer* é importante na aprendizagem das ciências da computação, uma vez que ajuda o aluno no processo de resolução de problemas e na compreensão dos novos materiais de aprendizagem. De acordo com Roschelle (1995), é consensual que o conhecimento prévio influencia a aprendizagem e que os alunos constroem conceitos a partir do conhecimento prévio. Garud e Rappa (1995) defendem que o conhecimento prévio molda os problemas que abordamos, os instrumentos que utilizamos e as soluções que podemos encontrar.

Neste estudo, os alunos do grupo experimental participaram em actividades de aprendizagem colaborativa baseadas em problemas e projectos. Nos fóruns de discussão em pequenos grupos, os alunos discutiram e argumentaram sobre os diferentes métodos que podem ser utilizados para resolver os problemas. Também examinaram e corrigiram os códigos de programação uns dos outros na fase de implementação da solução. Estas discussões expuseram os membros do grupo a uma variedade de técnicas alternativas de resolução de problemas que podem ser utilizadas na execução de uma tarefa, aumentando assim a quantidade de conteúdos processuais aprendidos. Durante os processos de aprendizagem em colaboração, os alunos com fraco aproveitamento tiveram a oportunidade de seguir e aprender com os processos de resolução de problemas e de programação dos alunos com elevado aproveitamento e de lhes pedir ajuda e esclarecimentos. Esta situação ajudou os alunos com fraco aproveitamento a melhorar a sua aquisição de conhecimentos, especificamente do tipo "*como*[(,,),] em comparação com os alunos com fraco aproveitamento do grupo de controlo que não participaram em grupos de aprendizagem em colaboração. Esta pode ser uma explicação possível para o facto de os alunos com fraco aproveitamento no grupo experimental terem beneficiado mais na aquisição do tipo de conhecimento "*como*".

Outra explicação para este resultado pode ser as instruções claras sobre a colaboração em grupo e o apoio do professor que foi dado aos alunos do grupo experimental durante a realização das actividades de aprendizagem em grupo. Esta explicação pode ser apoiada por um estudo (Lin, Li, Ho & Li, 2007) que investigou se a colaboração guiada melhoraria o desempenho dos alunos na aprendizagem de programação. O estudo concluiu que o grupo de colaboração guiada superou significativamente tanto o grupo de aprendizagem individual como o grupo de colaboração livre, enquanto as diferenças entre os alunos com fraco aproveitamento dos três grupos foram especialmente significativas, indicando que estes tinham beneficiado mais com a colaboração guiada. Verificou-se também que a colaboração guiada promoveu debates significativos entre os alunos, o que pode ter contribuído para melhorar as suas capacidades de programação e de resolução de problemas e, consequentemente, para obter melhores resultados nos testes. Esta constatação realça a importância da orientação e do apoio do professor aos alunos quando estes trabalham em colaboração em cursos em linha.

5.3 O efeito dos fóruns de discussão estruturados na melhoria das competências de colaboração

Para além de estudar as diferenças na aquisição de conhecimentos entre os alunos dos dois grupos de investigação, o presente estudo analisou o efeito do tipo de fórum de discussão na melhoria das *competências de colaboração* dos alunos. Os resultados mostraram que os alunos do grupo experimental melhoraram significativamente as suas competências de colaboração em comparação com os alunos do grupo de controlo. Esta conclusão era esperada, uma vez que a investigação mostra que os alunos que participaram em actividades de grupo colaborativas, baseadas em problemas ou em projectos, beneficiaram de uma melhoria das competências de comunicação, de trabalho em equipa e de resolução de conflitos (Brodie, 2006; ChanLin, 2008; Horan et al., 1996 como citado em Thomas, 2000; Xu & Liu, 2010).

Ao contrário dos alunos do fórum de discussão não estruturado, os alunos do fórum de discussão estruturado, em cada curso em linha ministrado neste estudo, participaram em actividades de pequenos grupos e realizaram um projeto final de grupo. Também receberam instruções claras sobre a colaboração em grupo e foram orientados e encorajados a trabalhar em colaboração. Trabalhar em colaboração numa atividade de grupo, como um projeto de grupo, promoveu uma situação em que os membros do grupo se aperceberam da importância do contributo de cada membro para o sucesso do grupo e, assim, desafiaram as ideias uns dos outros e facilitaram os esforços uns dos outros para atingir os objectivos do grupo. Nesta situação, os alunos do pequeno grupo colaborativo estavam ligados entre si, eram responsáveis pelo trabalho de grupo, recebiam ajuda e assistência uns dos outros, partilhavam os seus recursos e materiais e davam feedback uns aos outros para realizarem com êxito a atividade de grupo. Isto implica que os alunos do grupo experimental, em comparação com os alunos do grupo de controlo, tiveram a oportunidade de praticar competências essenciais de colaboração, o que lhes permitiu melhorar essas competências.

Nos fóruns de discussão em pequenos grupos, os membros de cada pequeno grupo analisaram e discutiram os diferentes pontos de vista e as múltiplas soluções para um problema e procuraram provas para apoiar os seus argumentos. Também monitorizaram o trabalho uns dos outros e discutiram o progresso do seu desempenho enquanto grupo. Através da troca de ideias e do processo de criação de consensos, os membros do grupo partilharam ideias e perspectivas diferentes e desenvolveram, entre outras competências, a capacidade de ouvir e de comunicar. Como resultado, os alunos do grupo experimental melhoraram as suas competências sociais e de pequenos grupos, tais como a tomada de decisões, a criação de confiança, a comunicação e a gestão de conflitos. Uma vez que os alunos do grupo de controlo não foram solicitados a participar em actividades de aprendizagem em grupo e realizaram o seu projeto de curso de forma independente, obtiveram uma classificação inferior na melhoria das suas competências de colaboração em comparação com os alunos do grupo experimental. Esta explicação também é coerente com os resultados de outros estudos (Benaya & Zur, 2007; McKinney & Denton, 2006; Teague & Roe, 2007) que mostraram que a integração de actividades de colaboração em cursos de informática em linha beneficia a aprendizagem dos alunos, bem como o desenvolvimento das suas competências de colaboração.

Outra explicação para este resultado pode ser o papel do instrutor em ajudar e promover uma interação eficaz e a colaboração entre os membros do grupo. O professor incorporou actividades de colaboração realistas e bem planeadas e motivou e orientou os alunos para trabalharem em conjunto. De vez em quando, tinham de apresentar um relatório sobre o modo como estavam a funcionar. O instrutor também dava regularmente feedback aos grupos sobre a forma como os membros do grupo trabalhavam em conjunto e sugeria formas de os melhorar. Para além do feedback e do apoio contínuos, o professor dava feedback positivo a cada aluno uma vez por mês. O feedback pessoal visava encorajar e facilitar os alunos com pouca participação a serem mais activos no fórum de discussão. Como resultado, o estilo construtivista social da estratégia de ensino neste estudo ajudou os alunos a aprender de uma forma mais colaborativa, autêntica e responsável, influenciando assim a melhoria das competências de colaboração dos alunos do grupo experimental. Esta explicação da descoberta pode ser apoiada pelos resultados da investigação conduzida por Gafford (2005), que examinou as diferenças entre dois grupos que utilizaram actividades de aprendizagem em colaboração, em que apenas um grupo recebeu ajuda do instrutor sobre como trabalhar num grupo de aprendizagem em colaboração. Os resultados indicaram que o grupo que recebeu a intervenção do instrutor tinha percepções mais positivas em relação à aprendizagem em colaboração, vantagens para pensar na tarefa, envolvimento dos alunos, percepções da importância da tarefa e melhores níveis de desafio e competências. Também foi referido que o simples facto de juntar os alunos e pedir-lhes que trabalhem em colaboração não garante que se envolvam numa aprendizagem colaborativa significativa (An, et al., 2008; Anderson, 2008; Biesenbach-Lucas, 2004; Johnson & Johnson, 1986, 1989). Este facto realça a importância do apoio do professor durante o processo de aprendizagem colaborativa.

5.4 Atividade dos alunos e aquisição de conhecimentos

Para testar a relação entre a atividade dos alunos no fórum de discussão e o nível de conhecimentos que adquiriram no curso em linha, foi calculado um coeficiente de correlação de Pearson. Não foi encontrada uma relação significativa entre *a participação ativa dos alunos* (número de mensagens iniciadas e número de respostas) no fórum de discussão e o nível de sucesso dos alunos na aquisição de conhecimentos.

Este resultado está de acordo com outros estudos (Davies & Graff, 2005; Godwin, Thorpe & Richardson, 2008) que mostraram que os alunos que interagiram e participaram mais nos fóruns de discussão não obtiveram necessariamente notas mais elevadas no curso em linha. A participação ativa dos alunos nos fóruns de discussão torna-se visível através das suas próprias mensagens. No entanto, nem todos os alunos participam de igual modo nos debates tradicionais na sala de aula, o que também se aplica aos debates em linha. Os leitores das mensagens enviadas por outros alunos para o fórum de discussão podem aprender ativamente com os comentários dos outros e, assim, aprofundar a sua aprendizagem sobre um determinado tópico, mesmo que não estejam ativamente envolvidos na discussão (Romiszowski & Mason, 2004). Do mesmo modo, as perguntas que apenas suscitam algumas boas respostas não são necessariamente más se os outros participantes aprenderem com elas ou se forem motivados por elas a fazer investigação adicional, ao passo que algumas perguntas podem dar origem a mensagens volumosas sem resultados significativos (Benson, R. G., 2007). Parece que os métodos quantitativos que se limitam a contar o número de mensagens podem não conduzir necessariamente a uma compreensão da relação entre a participação dos alunos no fórum de discussão e o seu desempenho no curso em linha. Para formar uma interpretação pormenorizada e razoavelmente exacta da participação ativa de um estudante, também é necessário considerar dados qualitativos juntamente com dados quantitativos.

Outra explicação possível para esta conclusão é o facto de os alunos deste estudo se encontrarem regularmente durante a semana e, por isso, terem tido a oportunidade de discutir frente a frente questões relacionadas com o curso em linha. Estas discussões não foram documentadas no fórum de discussão e, por isso, os dados estatísticos recolhidos sobre a participação dos alunos no fórum de discussão não reflectem toda a interação entre os alunos. Esta falta de dados estatísticos pode também ter impacto nos resultados obtidos.

5.5 Implicações dos resultados

Tallent-Runnels et al. (2006) analisaram a investigação sobre o ensino e a aprendizagem em linha.

Concluíram que "muitos estudos apontam para as preferências dos estudantes, a satisfação dos professores e a motivação dos estudantes como principais factores determinantes do sistema de ensino. Para avaliar os modelos de sistemas de distribuição, é necessária nova investigação que meça o impacto no sucesso académico e nas capacidades de raciocínio" (p. 117). Tanto quanto é do conhecimento do autor, este é o primeiro estudo exaustivo que tenta compreender os efeitos dos fóruns de discussão estruturados na aquisição dos três tipos de conhecimento "*o quê*", "*como*", e "*porquê*" por estudantes de informática em cursos totalmente online. Como tal, o estudo fornece algumas implicações para a conceção não estruturada.

- Implicações pedagógicas

O presente estudo apresenta uma implicação para os formadores de cursos em linha. Os cursos em linha utilizam geralmente vários tipos de oportunidades de comunicação para os alunos, mas os fóruns de discussão assíncronos estão entre as ferramentas mais populares. Dos resultados deste estudo emergiram várias sugestões para os formadores sobre a forma de estruturar e gerir os fóruns de discussão assíncronos em contextos educativos. Por conseguinte, os formadores em linha de diferentes disciplinas, e não apenas do ensino da informática, podem considerar a estrutura proposta para o fórum de discussão, a fim de melhorar a qualidade da aprendizagem em linha e aumentar a aquisição de conhecimentos pelos alunos.

- Implicações tecnológicas

Outra implicação prática e significativa deste estudo diz respeito ao avanço das tecnologias de discussão mediadas por computador, demonstrando o papel significativo de fóruns de discussão bem estruturados. A literatura sobre aprendizagem colaborativa apoiada por computador (CSCL) sugere que várias ferramentas para estruturar o discurso podem ter um impacto significativo na forma como os alunos se envolvem em discussões em linha e no que e como aprendem (Wallace, 2003). As conclusões do presente estudo podem contribuir para o desenvolvimento de aplicações ou plataformas estruturadas que apoiem a partilha e a construção de conhecimentos de forma mais eficaz. Estas aplicações podem permitir ao professor organizar e gerir as actividades de aprendizagem em colaboração de forma mais eficiente, bem como apoiar os alunos no estabelecimento de um discurso produtivo em colaboração em linha.

5.6 Recomendações para a investigação futura

Os resultados deste estudo, também apoiados por investigação anterior, mostram claramente que a estrutura proposta para o fórum de discussão tem o potencial de aumentar significativamente a aquisição de conhecimentos e de melhorar as competências de colaboração dos alunos. Isto sugere que há áreas em que a investigação futura pode basear-se nas conclusões do presente estudo, que podem ser resumidas da seguinte forma:

- Uma vez que a maioria dos sujeitos deste estudo eram estudantes do sexo feminino, pode ser interessante investigar o impacto do fórum de discussão estruturado na aprendizagem de uma população em que a maioria dos sujeitos são estudantes do sexo masculino. O estudo também poderia ser efectuado numa população mista que incluísse um número quase igual de homens e mulheres.

- Outra direção possível poderia ser comparar os efeitos de diferentes tipos de fóruns de discussão estruturados (estruturados, semi-estruturados e não estruturados) na aprendizagem dos alunos inscritos em cursos totalmente em linha.

- O estudo atual foi realizado no domínio das ciências da computação. Assim, uma direção de investigação importante pode ser a avaliação do impacto que os fóruns de discussão estruturados podem ter na aprendizagem noutros domínios, em particular nas disciplinas científicas, como a matemática, a engenharia e as ciências físicas.

- No fórum de discussão estruturado, os alunos trabalharam principalmente em pequenos grupos. Cada pequeno grupo entregou um projeto final separadamente no final do curso. Seria interessante planear um projeto de colaboração da turma, em que cada pequeno grupo seria responsável pela realização de uma parte do projeto. Depois, todas as partes do projeto poderiam ser reunidas para completar o projeto na sua totalidade. Acrescentar esta componente ao fórum de discussão estruturado pode aumentar a colaboração entre grupos e contribuir para a aprendizagem dos alunos.

- Outra direção de investigação importante poderia ser a criação de pequenos grupos heterogéneos de estudantes, não de acordo com o seu nível de conhecimentos, mas com base nas suas caraterísticas no que diz respeito à sua vontade de colaborar (dar e receber conhecimentos) ou outras competências transversais. Os pequenos grupos também podem ser compostos por três alunos, em que cada um deles tem mais conhecimentos do que os outros dois membros do grupo num tipo de conhecimento diferente.

5.7 Conclusão

As discussões em linha são parte integrante dos cursos em linha, pelo que a adoção de tecnologias de comunicação, em particular os fóruns de discussão, continuará a crescer nos ambientes educativos em linha. Neste estudo, os dados indicam o efeito significativo dos fóruns de discussão estruturados na aquisição de conhecimentos dos tipos "*como*" e ""*porquê*"" e na melhoria das competências de colaboração dos alunos em cursos de informática em linha. Estes resultados são, de um modo geral, consistentes com estudos anteriores (Aviv et al., 2003; Gilbert & Dabbagh, 2005; Yang et al., 2008) que mostraram um efeito significativo dos fóruns de discussão estruturados no desenvolvimento de competências de pensamento crítico por parte dos alunos.

O principal contributo do presente estudo para o domínio da aprendizagem assíncrona em linha consiste em fornecer uma estrutura para fóruns de discussão que tem o potencial de aumentar a aquisição de conhecimentos de diferentes tipos e de melhorar as competências de colaboração dos estudantes. Como tal, a estrutura proposta para o fórum de discussão pode ser adoptada em cursos em linha com o objetivo de aumentar a eficácia das discussões colaborativas em linha e, consequentemente, a qualidade da aprendizagem em linha.

Referências

Achtemeir, S.D., Morris, L.V. & Finnegan, C. L. (2003). Considerações sobre o desenvolvimento de avaliações de cursos em linha. *Journal of Asynchronous Learning, 7*(1). Recuperado em 15, 2009 de http://www.edtechpolicy.org/ArchivedWebsites/Articles/ConsiderationsDevelop ingEvaluations.pdf

Airasian, P.W., & Walsh, M. E. (1997). Constructivist cautions. *Phi Delta Kappan, 78*(6), 444-449. Recuperado em 25 de julho, 2010 de http://courses.ceit.metu.edu.tr/ceit626/week6/Airasian_Constructivist%20Cautio ns.pdf

Akin, L., & Neal, D. (2007). Modelo CREST+: Writing effective online discussion questions. *Jornal de Ensino e Aprendizagem Online*, 3(2). Recuperado em 18 de setembro de 2010, de http://jolt.merlot.org/vol3no2/akin.htm

Aidwin, G. L. (2008). Promover a colaboração para melhorar o ensino em linha. *The Turkish Online Journal of Distance Education, 9*(2). Recuperado em 10 de outubro de 2009, de http://tojde.anadolu.edu.tr/tojde30/pdf/article_5.pdf

Alexander, J.W., Polyakova-Norwood, V., Johnston, L.W., Christensen, P. & Loquist, R.S. (2003). Desenvolvimento colaborativo e avaliação de um curso de enfermagem em linha. *Educação à Distância, 24*(1), 41-56.

Al-Haj, M. (1995). *Education, empowerment, and control: The case of the Arabs in Israel.* Nova Iorque: State University ofNew York Press.

Al-Haj, M. (2003). Ensino superior entre os árabes em Israel: A política formal entre a capacitação e o controlo. *Política do Ensino Superior, 16*(3), 351-368.

Ali, S. (2005). Pedagogias de ensino eficazes para a licenciatura em informática. (*Versão* eletrónica*)*. *Educação matemática e informática, 39*(3), 243-257.

Ali, S., & Salter, G. (2004). A utilização de modelos para gerir fóruns de discussão em linha. *Electronic Journal on e-Learning 2*(1), 11-18. Obtido em 15 de maio de 2008, de http://digilib.unsri.ac.id/download/issuel-art6-ali-salter.pdf

Al-Shalchi, O. (2009). A eficácia e o desenvolvimento da discussão em linha. (Versão eletrónica). *MERLOT Journal of Online Learning and Teaching, 5*(1), 104-108.

An, H., Kim, S., & Kim, B. (2008). Perspectivas dos professores sobre a aprendizagem colaborativa em linha: Factores considerados como facilitadores e impeditivos de um trabalho de grupo em linha bem sucedido. *Contemporary Issues in Technology and Teacher Education, 8*(1). Recuperado em 25 de abril 25, 2009 de http://www.citejournal.org/vol8/iss4/general/articlei.cfm

Anderson, J.R. (1982). Acquisition of cognitive skill. *Psychological Review, 89*(4) 369406. Recuperado em 15 de fevereiro, 2009 de http√act-r.psy.cmu.edu/papers/63/ACS_JRA_PR.1982.pdf

Anderson, T. (2003). Getting the mix right again: An updated and theoretical rationale for interaction. *The International Review of Research in Open and Distance*

Aprendizagem, 4 (2). Recuperado em 02 de março, 2009 de http://www.irrodl.org/index.php/irrodl/article/view/149/230

Anderson, T. (2008). Para uma teoria da aprendizagem em linha. (Versão eletrónica). Em T. Anderson (Ed.), *The theory and practice of online learning* (2ª ed., pp.45-74). Edmonton, AB: Athabasca University Press. Recuperado em 02 de março de 2009, de http://www.aupress.ca/index.php/books/120146

Anderson, T. D., & Garrison, D. R. (1998). Aprender num mundo em rede: Novos papéis e responsabilidades. Em C. C. Gibson (Ed.), *Distance Learners in Higher Education: Institutional responses for quality outcomes*, (pp. 97-112). Madison, WI: Atwood Publishing.

Andresen, M. A. (2009). Fóruns de discussão assíncronos: Factores de sucesso, resultados, avaliações e limitações. *Educational Technology & Society*, 12(1), 249-258. Recuperado em 09 de novembro de 2010, de http://www.ifets.info/joumals/12_l/19.pdf

Ascough, R. S. (2002). Projetar o ensino à distância em linha: Putting pedagogy before technology. *Teaching Theology and Religion, 5(1),* 17-29. Recuperado em 27 de fevereiro de 2009, de http://post.queensu.ca/~rsa/2002_TTR_Ascough.pdf

Ashlock, J. (2003). Um sítio a que chamar casa: Geração de espaço na Web para projectos de investigação etnográfica em pequenos grupos. *Trabalho apresentado na reunião anual da American Sociological Association, Atlanta, GA*, 16 de agosto de 2003. Recuperado em 15 de maio de 2010, de http://www.allacademic.com/meta/pl06637_index.html.

Asyali, E., Saatcioglu, O., Cerit, A. G. (2005). Aprendizagem cooperativa e eficácia do trabalho em equipa: Impacto do período de instrução nos cadetes. Em D. Nielsen (Ed), *Maritime security and MET - 6th IAMU Annual General Assembly at the World Maritime University* (pp. 377-386). Southampton, Boston: WIT Press. Obtido em 22 de agosto de 2008, em http://www.deu.edu.tr/UploadedFiles/Birimler/83/finished/014.pdf

Aviv, R., Erlich, Z., Ravid, G., & Geva, A. (2003). Network analysis of knowledge construction in asynchronous learning networks (Análise da construção do conhecimento em redes de aprendizagem assíncronas). *Journal of Asynchronous Learning Networks, 7*(3), 1-23.

Baker, M. (1994). Um modelo de negociação em diálogos de ensino-aprendizagem. *Journal of Artificial Intelligence in Education, 5*(2), 199-254.

Bang, J., & Dalsgaard, C. (2006). Repensar o e-learning: Shifting the focus to learning activities. Em E. K. Sorensen & D. Murchu (Eds.), *Enhancing learning through technology*, (pp.184-202). Information SciencePublishing.

Barrows, H. S. (2000). *Aprendizagem baseada em problemas aplicada ao ensino médico.* Springfield IL: Southern Illinois University Press.

Bartscher, K., Gould, B., & Nutter, S. (1995). *Aumentar a motivação dos alunos através da aprendizagem baseada em projectos.* (Versão eletrónica). Projeto de Investigação de Mestrado, Universidade de Saint Xavier e IRI Skylight. Obtido em 7 de julho de 2010 em http://www.eric.ed.gov/PDFS/ED392549.pdf

Bates, A. W. (2005). *Technology, e-learning and distance education* (2nd ed.). Londres: Routledge Falmer Studies in Distance Education.

Belanger, M. (2006). *A case study of online collaborative learning for union staff in developing countries [Um estudo de caso de aprendizagem colaborativa em linha para pessoal sindical nos países em desenvolvimento].* Dissertação de doutoramento não publicada, Simon Fraser

Universidade de Vancouver. Recuperado em 11 de julho, 2010 de http://radiolabour.net/phd/belanger-phd.pdf

Belland, B. R., Ertmer, P. A., & Simons, K. D. (2006). Percepções do valor da aprendizagem baseada em problemas entre alunos com necessidades especiais e os seus professores. *The Interdisciplinary Journal of Problem-based Learning, 1* (2), 1-18.

Ben-Ari, M. (2001). O construtivismo no ensino da informática. (Versão eletrónica). *Jornal de Computadores no Ensino da Matemática e das Ciências, 20*(1), 5473.

Ben-Ari, M., & Sajaniemi, J. (2003). Papéis das variáveis na perspetiva dos educadores de informática. Universidade de Joensuu, Departamento de Informática, Relatório Técnico, Série A, Relatório A-2003-

6. Obtido em 15 de março de 2008 em ftp://cs.joensuu.fi/pub/Reports/A-2003-6.pdf

Benaya, T., & Zur, E. (2007). Projectos de programação colaborativa num curso avançado de ciências da computação. *Journal of Computing Sciences in Colleges, 22*(6), 126-135.

Bender, T. (2003). *Ensino em linha baseado no debate para melhorar a aprendizagem dos alunos: Teoria, prática e avaliação.* Sterling, Virgínia: Stylus Publishing.

Benfield, G. (2002). Conceber e gerir debates eficazes em linha. *Série de Documentos Informativos sobre Aprendizagem e Ensino, OCSLD Oxford Brooks University.* Recuperado em maio 01, 2010 de http://www.brookes.ac.uk/services/ocsd/2_leamtch/briefing_papers/online_disc ussion.pdf

Ben-Jacob, M. G., Levin, D. S., & Ben-Jacob, T. K. (2000). Os ambientes de aprendizagem do século XXI. (Versão eletrónica). *Educational Technology Review: Fórum Internacional sobre Questões e Aplicações da Tecnologia Educativa, 13*, 812.

Benson, R. (2007). Como desenvolver perguntas de discussão eficazes - Parte I: Introdução e objectivos da pergunta de discussão. *Uma Revista de Aprendizagem Online para os Docentes da Universidade de Maryland.* Recuperado em 01 de maio de 2010, de http://deoracle.org/online-pedagogy/classroom-communication/effective- discussion-questions-part-one.html

Benson, R. G. (2007). Design e administração de perguntas para discussão. University of Maryland University College, Retrieved Mai 17, 2010 de http://www.umuc.edu/distance/odell/ctla/summer- institute/2007/bensonpaper.pdf

Berge, Z. L. (1999). Interação na aprendizagem pós-secundária baseada na Web. *Educational Technology, 39*(1), 5-11.

Bevan, J., Werner, L., & McDowell, C. (2002). Guidelines for the Use of Pair Programming in a Freshman Programming Class, *Fifteenth Conference on Software Engineering Education and Training (CSEE&T).* Recuperado em 22 de maio de 2010 de http://citeseerx.ist.psu.edu/viewdoc/download?doi=10.1.1.114.4264&rep=repl& type=pdf

Biesenbach-Lucas, S. (2004). Discussões assíncronas na Web em cursos de formação de professores: Promover a aprendizagem em colaboração - ou não? *AACE Journal, 12*(2), 155170.

Black, A. (2005). A utilização da discussão assíncrona: Criando um texto de conversação. *Contemporary Issues in Technology and Teacher Education 5*(1), 5-24.

Boaler, J. (1997). *A experiência da matemática escolar: Teaching styles, sex, and settings.* Buckingham, Reino Unido: Open University Press.

Bosworth, K. (1994). Desenvolvimento de competências de colaboração em estudantes universitários. Em K. Bosworth & S. Hamilton (Eds.), *Collaborative learning: Processos subjacentes e técnicas eficazes.* São Francisco, CA: Jossey-Bass.

Boyle, T. (2000). Construtivismo: Uma pedagogia adequada para as ciências da informação e da computação? Procs, da 1ª Conferência Anual do Centro de Ciências da Informação e da Computação da LTSN, Heriot-Watt, Edimburgo, agosto de 2000. Obtido em 10 de junho de 2008, de http://www.ics.heacademy.ac.uk/events/presentations/323_Boyle.pdf

Branon, R. F., & Essex, C. (2001). Ferramentas de comunicação síncronas e assíncronas no ensino à distância: A survey of instructors. *TechTrends, 45*(1), 36-42.

Brewer, S., & Klein, J. D. (2006). Tipo de interdependência positiva e motivo de afiliação num ambiente de aprendizagem assíncrono e colaborativo. *Educational Technology, Research and Development, 54*(4), 331-354.

Broberg, A. (2000). *Ferramentas para aprendentes como trabalhadores do conhecimento.* (Versão eletrónica).

Dissertação de doutoramento não publicada, Universidade de Umea, Suécia. Recuperado em 10 de abril de 2008 de http://www8.cs.umu.se/~bopspe/publications/PHD/

Brodie, L. (2006) Problem based learning in the online environment - successfully using student diversity and e-education. *Conferência Anual sobre Investigação na Internet 7.0: Convergências na Internet*, 27-30 de setembro, Brisbane, Austrália. Obtido em 19 de julho de 2010, de http://eprints.usq.edu.aU/2250/l/Brodie_IR7_PV.pdf

Brooks, C. D., & Jeong, A. (2006). Effects of pre-structuring discussion threads on group interaction and group performance in computer supported collaborative argumentation. *Educação a Distância, 27*(3), 371-390.

Brown, J. S., Collins, A., & Duguid, P. (1989). Situated cognition and the culture of learning. *Educational Researcher, 18*(1), 32-42.

Bruffee, K.A. (1999). *Collaborative learning: Higher education, interdependence, and the authority of knowledge.* 2nd Edição, Baltimore, Maryland: Johns Hopkins University Press.

Brush, T., & Saye, J. (2008). The effects of multimedia-supported problem-based inquiry on student engagement, empathy, and assumptions about history. *The Interdisciplinary Journal of Problem-basedLearing, 2*(1), 21-56.

Burge, E., & Roberts, J. M. (1993). *Salas de aula com uma diferença: A Practical Guide to the Use of Conferencing Technologies.* Toronto, Ontário: Instituto de Estudos em Educação do Ontário, Gabinete de Ensino à Distância. Obtido em 8 de abril de 2010 em http://www.eric.ed.gov/PDFS/ED364206.pdf

Byrnes, J.P. (1999). A natureza e o desenvolvimento da representação: Forjar uma síntese de abordagens concorrentes. Em I. E. Sigel (Ed.), *Development of representation: Theories and applications* (pp. 273-294). Mahwah, NJ: Erlbaum.

Byrnes, J.P. (2003). Cognitive development during adolescence (Desenvolvimento cognitivo na adolescência). Em G.R., Adams & M.D., Berzonsky (Eds.), *Blackwell handbook of adolescence* (pp. 227-246). Malden, MA: Blackwell.

Carnell, E., & Lodge, C. (2002). *Supporting effective learning.* London: Paul Chapman Publishing.

ChanLin, L. J. (2008). Integração da tecnologia aplicada à aprendizagem baseada em projectos no domínio das ciências. *Inovações em Educação e Ensino Internacional, 45,* 55-65.

Cheong, F. (2008) Utilizar uma abordagem de aprendizagem baseada em problemas para lecionar uma disciplina de sistemas inteligentes. *Revista de Educação em Tecnologias da Informação, 7*, 47-60.

Connolly, T. M., & Begg, C. E. (2006). Uma abordagem baseada no construtivismo para o ensino de análise e desenho de bases de dados. (Versão eletrónica). *Journal of Information Systems Education, 17*(l),43-53.

Crews, T., & Zieger, U. (1998). O interpretador de fluxogramas para cursos introdutórios de programação. *Actas da Conferência FIE'98.* (p.307-312).

Cunningham, D. J. (1992). Para além da psicologia da educação: Steps toward an educational semiotic. *Educational Psychology Review, 4*(2) 165-194.

Curtis, D. D., & Lawson, M. J. (2001). Explorando a aprendizagem colaborativa em linha. (Versão eletrónica). *JALN, 5*(1), 21-34.

Davies, S. P. (1993). Modelos e teorias da estratégia de programação. (Versão eletrónica). *Revista Internacional de Estudos Homem-Máquina, 39*(2), 237-267.

Davies, J. & Graff, M. (2005). Performance in e-leaming: online participation and student grades. *British Journal of Educational Technology*, 36(4), 657-664.

Davis, B. G. (1993). Aprendizagem em colaboração: Trabalho de grupo e equipas de estudo. Em B.G. Davis

(Ed.), *Tools for Teaching.* São Francisco: Jossy-Bass Publishers. Obtido em 10 de março de 2009 no sítio Web da Universidade da Califórnia em Berkeley: http://teaching.berkeley.edu/bgd/collaborative.html

Dede, C., & Kremer, A. (1999). Aumentar a participação dos alunos através de múltiplos meios interactivos. *Inventio,* *1* (1), Obtido de http://www.doit.gmu.edu/Archives/feb98/dede_l.htm

Dennen, V. P. (2000). Estruturação de tarefas para a aprendizagem baseada em problemas em linha: um estudo de caso. *Educational Technology & Society 3(3),* 329-336.

De Wever, B., Van Keer, H., Schellens, T., & Valcke, M. (2010). Os papéis como ferramenta de estruturação em grupos de discussão em linha: O impacto diferencial de diferentes papéis na construção do conhecimento social. (Versão eletrónica) *Computers in Human Behavior, 26*(4), 516-523.

Dillenbourg, P., & Schneider, D. (1995). A aprendizagem em colaboração e a Internet. *ICCAI.* Recuperado em 17 de dezembro de 17, 2009 de http://tecfa.unige.ch/tecfa/research/CMC/colla/iccai95_l.html

Doolittle, P.E. & Camp, W.G. (1999). Construtivismo: A perspetiva da carreira e do ensino técnico. *Journal of Vocational and Technical Education, 16*(1). Recuperado em 17, 2009 de http://scholar.lib.vt.edu/ejournals/JVTE/vl6nl/doolittle.html.

Dringus, L. P., & Ellis, T. J. (2004). Construir o SCAFFOLD para avaliar a atividade de fóruns de discussão por tópicos: Descrevendo e categorizando contribuições. *34ª Conferência ASEE/IEEE Frontiers in Education.* Savannah, GA. Recuperado em 10 de setembro de 2007, de http://fie.engmg.pitt.edu/fie2004/papers/1080.pdf

Du, J., Zhang, K., Olinzock, A., & Adams, J. (2008). Perspectivas dos estudantes de pós-graduação sobre a natureza significativa dos debates em linha. (Versão eletrónica). *Journal of Interactive Learning Research, 19*(1), 21-36.

Duffy, T. M., & Cunningham, D. J., (1996). Construtivismo: Implications for the design and delivery of instruction. (Versão eletrónica). Em D. H. Jonassen, (Ed.) *Handbook of Research for Educational Communications and Technology*, (pp. 170-198), Nova Iorque: Macmillan.

Ellis, A. (2001). Aprendizagem colaborativa centrada no aluno através de comunicação presencial e assíncrona em linha: Qual é a diferença? *Actas da 18.ª Conferência ASCILITE em Melbourne,* Obtido em 11 de maio de 2010 em http://www.ascilite.org.au/conferences/melbourne01/pdf/papers/ellisa.pdf

Ellis, A., Carswell, L., Bernat, A., Deveaux, D., Frison, P., Meisalo, V., et al. (1998). Recursos, ferramentas e técnicas para a aprendizagem baseada em problemas em computação. *ACM SIGCUE Outlook, 26*(4), 41-56.

Ertmer, P. A., Richardson, J. C., Belland, B., Camin, D., Connolly, P., Coulthard, G., et al. (2007). Utilizar o feedback dos pares para melhorar a qualidade das publicações em linha dos estudantes: Um estudo exploratório. *Journal of Computer-Mediated Communication, 12* (2), artigo 4. Recuperado em 17 de julho, 2010 de http://jcmc.indiana.edu/voll2/issue2/ertmer.html

Esteves, M., Morgado, L., Martins, P., & Fonseca, B. (2006). A utilização de ambientes virtuais colaborativos para proporcionar aos alunos a contextualização em programação. Em A. Mdndez-Vilas, A. Solano Martin, & J.A. Mesa Gonzalez (Eds.), *Current developments in technology-assisted education, 2* (pp. 1496-1500). Badajoz, Espanha: Formatex.

Felder, R. M., Brent, R. (1994). Aprendizagem cooperativa em cursos técnicos: Procedimentos, armadilhas e vantagens. *National Science Foundation Division of Undergraduate Education.* Recuperado em 10 de março, 2009 de http://www.eric.ed.gov/PDFS/ED377038.pdf

Fincher, S., & Petre, M. (1998). Práticas de aprendizagem baseadas em projectos no ensino da informática. *Conferência Anual ASEE/IEEE Frontiers in Education (FIE)*. Recuperado em 17 de abril de 2010, de http://kar.kent.ac.uk/21589/2/Project- based_Learning_Practices_in_Computer_Science_Education.pdf

Fosnot, C. T. (1996). *Construtivismo: Theory, perspectives, and practice*. New York: Teachers College Press.

Frank, M. & Barzilai, A. (2008). Utilização dos princípios da abordagem de conceção de sistemas de instrução para a implementação de um sistema de gestão da aprendizagem de fonte aberta no ensino superior. *The Open Education Journal, 1*, 1-8. Obtido em 5 de abril de 2010, de http://www.bentham.org/open/toeduj/articles/V001/lTOEDUJ.pdf

Gafford, K., A. (2005). *Avaliar a intervenção do instrutor nas percepções, atitudes e ansiedades dos estudantes de biologia da faculdade comunitária relativamente à aprendizagem cooperativa*. Dissertação de doutoramento não publicada, Universidade do Alabama. Número de publicação: AAT3201254, Fonte: Dissertation Abstracts International.

Gance, S. (2002). O construtivismo e os ambientes de aprendizagem baseados em computador são incompatíveis? *Interface: The Journal of Education, Community and Values*, 2(3). Recuperado em 25 de julho de 2010, de http://bcis.pacificu.edu/joumal/2002/03/gance.php.

Garcia-Famoso, M. (2005). Aprendizagem baseada em problemas: Um estudo de caso em informática. *Recent Research Developments in Learning Technologies*. Recuperado em 20 de agosto de 2010, de http://www.formatex.org/micte2005/196.pdf.

Garfield, J. (1993). Ensinar estatística utilizando a aprendizagem cooperativa em pequenos grupos. *Jornal de Educação Estatística, 1* (1). Recuperado em 26 de setembro de 2009 de http: //www.amstat.org/publications/) se⁄vlnl⁄garfield.html.

Garrison, D. R. (1997). Conferência por computador: A era pós-industrial do ensino à distância. (Versão eletrónica). *Open Learning: The Journal of Open and Distance Learning, 12*(2), 3-11.

Garrison, D.R., Anderson, T., & Archer, W. (2001). Pensamento crítico, presença cognitiva e conferência por computador no ensino à distância. (Versão eletrónica). *The American Journal of Distance Education*, 15(1), 7-23.

Garud, R. (1997). Sobre a distinção entre know-how, know-why e know-what. (Versão eletrónica). Em A. Huff & J. Walsh (Eds.), *Advances in Strategic Management*, (pp. 81-101) Greenwich, CT: JAI Press.

Garud, R., & Rappa, M. (1995). On the persistence of researchers in technology development. (Versão eletrónica). *Industrial and Corporate Change, 4*(3), 531554.

Geer, R. (2003). Estilos de comunicação iniciais e o seu impacto nas interações posteriores em conferências sobre computadores. Em G. Crisp, D. Thiele, I. Scholten, S. Barker & J. Baron (Eds.), *Interact, Integrate, Impact: Actas da 20ª Conferência ASCILITE* (pp. 194-202). Adelaide, Austrália: ASCILITE.

Gergen, K. J. (1995). A construção social e o processo educativo. Em L. P. Steffe & J. Gale (Eds.), *Constructivism in education*, (pp. 17-39). Hillsdale, NJ: Erlbaum.

Gijlers H., & de Jong, T. (2005). A relação entre o conhecimento prévio e os processos de aprendizagem por descoberta colaborativa dos alunos. (Versão eletrónica). *Journal of Research in Science Teaching*, 42(3), 264-282.

Gijselaers, W. H. (1996). Conectando práticas baseadas em problemas com a teoria educacional. Em L. Wilkerson & W. H. Gijselaers (Eds.), *Bringing problem-based learning to higher education: Theory and practice*. SanFrancisco: Josey-Bass Publishers.

Gilbert, P. K., & Dabbagh, N. (2005). Como estruturar discussões online para um discurso significativo: um estudo de caso. (Versão eletrónica). *British Journal of Educational Technology, 36*(1), 5-18.

Girasoli, A. J., & Hannafin, R. D. (2008). Utilização de ferramentas de comunicação AV assíncronas para aumentar a auto-eficácia académica. (Versão eletrónica). *Computer & Education, 51*(4), 1676-1682.

Godwin, S. J., Thorpe, M. S., & Richardson, J. T. E. (2008). O impacto da interação mediada por computador no ensino à distância. *British Journal of Educational Technology,* 39(1), 52-70.

Gokhale, A. A. (1995). A aprendizagem em colaboração melhora o pensamento crítico. *Jornal de Educação Tecnológica* 7 (1). Obtido em 11 de janeiro, 2010 de http://scholar.lib.vt.edu/ejoumals/JTE/v7nl/gokhale.jte-v7nl.html

Gold, S. (2001). Uma abordagem construtivista da formação em linha para professores em linha. (Electronicversion) *Journal of Asynchronous Learning Networks, 5*(1), 35-57.

Gomes, A., & Mendes, A. J. (2007). Aprender a programar - dificuldades e soluções. *Actas da Conferência Internacional de Educação em Engenharia 2007 - ICEE,* 3-7 de setembro, Coimbra, Portugal. Obtido em 15 de maio de 2010, de http://www.ineer.org/Events/ICEE2007/papers/411.pdf

Gulati, S. (2004, 5-7 de abril). O construtivismo e a pedagogia emergente da aprendizagem em linha: Uma discussão para que o formal reconheça e promova o informal. *Conferência Anual da Associação das Universidades para a Educação Contínua - Futuros Regionais: Perspectivas de Aprendizagem Formal e Informal,* Universidade de Glamorgan, Inglaterra. Base de dados Education-Line. Obtido em 22 de outubro de 2009, de http://www.leeds.ac.uk/educol/documents/00003562.htm

Gunawardena, C., Carabajal, K. & Lowe, C. A. (2001). Análise crítica dos modelos e métodos utilizados para avaliar as redes de aprendizagem em linha. Obtido em 4 de fevereiro de 2010, de http://www.eric.ed.gov/PDFS/ED456159.pdf

Hadjerrouit, S. (1998). Um quadro construtivista para a integração do paradigma java no currículo de graduação. (Versão eletrónica). *ACM, 30*(3), 105-107. Doi:10.1145/282991.283079.

Hadjerrouit, S. (2003). Para uma abordagem construtivista do e-learning em engenharia de software. Em A. Rossett (Ed.), *Proceedings of World Conference on ELearning in Corporate, Government, Healthcare, and Higher Education,* (pp. 507-514). Chesapeake, VA: AACE.

Hadjerrouit, S. (2005a). Conceção de um modelo pedagógico para o ensino da engenharia web: Uma perspetiva evolutiva. *Journal of Information Technology Education, 4,* 115-140. Obtido em 8 de julho de 2010, de http://jite.org/documents/Vol4/v4pll5- 140Hadj50.pdf

Hadjerrouit, S. (2005b). Ensino de desenvolvimento de software orientado a objectos: um quadro construtivista. (Versão eletrónica). *Informática na Educação, 4*(2), 167-192.

Hamalainen, W. (2004, 20-23 de outubro). Aprendizagem baseada em problemas de ciência da computação teórica. Fronteiras na Educação. (Versão eletrónica). *Actas da 34ª Conferência ASEE/IEEEFrontiers in Education* - Sessão SIH, Savannah, GA.

Hara, N, Bonk, C. & Angeli C. (2000). Análise de conteúdo da discussão em linha num curso de psicologia educacional aplicada. (Versão eletrónica). *Instructional Science, 28*(2) 115-152.

Harasim, L. (2000). A mudança acontece: A educação em linha como um novo paradigma de aprendizagem. (Versão eletrónica). *Internet e Ensino Superior 3*(1-2), 41-61.

Harasim, L. (2002). O que é que faz com que as comunidades de aprendizagem em linha sejam bem sucedidas? O papel da aprendizagem em colaboração no desenvolvimento social e intelectual. Em C. Vrasidas & G. V Glass, *Distance Education and Distributed Learning* (pp. 181-200). Charlotte, NC: Information Age Publishing.

Harasim, L., Hiltz, S. R., Teles, L. & Turoff, M. (1995). *Redes de aprendizagem: A field guide to teaching and learning online.* Cambridge, Massachusetts: The MIT Press. Recuperado de Google books.

Harkins, R J. (2008) A conceção e a implementação de um primeiro curso de programação informática para licenciados em informática, não licenciados e profissionais do sector num quadro de ensino liberal. *Information Systems Education Journal, 6* (60). Obtido em 23 de setembro, 2010 de http√isedj.org/6/60/ISEDJ.6(60).Harkins.pdf

Harman, K., & Koohang, A. (2005). Quadro de discussão: Um objeto de aprendizagem. *Revista Interdisciplinar de Objectos de Conhecimento e Aprendizagem, 1*, 67-77. Recuperado em 10 de julho de 2010, de http://ijello.org/Volumel/vlp067-077Harman.pdf

Hazzan, O. (2005). Como é que a intangibilidade do software influencia os processos de desenvolvimento de software? *System Design Frontier Journal-Featured Column.* Recuperado em 10 de março, 2008 forma http://edu.technion.ac.il/Faculty/OritH/HomePage/FrontierColumns/OritHazzan _SystemDesigFrontier_Columnl.pdf

Henri, F. (1992). Conferência por computador e análise de conteúdo. Em A.R. Kaye (Ed.), *Collaborative learning through computer conferencing: The Najaden papers,* (pp. 117-136). Berlim: Springer-Verlag.

Herman, T., & Banister, S. (2007). Cursos presenciais versus cursos em linha: Uma comparação de custos e resultados de aprendizagem. *Contemporary Issues in Technology and Teacher e Formação de Professores,* 7 (4). Obtido em 11 de maio, 2010 de http://www.citejoumal.org/vol7/iss4/currentpractice/articlel.cfm

Hew, K. F., Cheung, W. S. (2003). Modelos para avaliar comunidades de aprendizagem em linha de fóruns de discussão assíncronos. *Australian Journal of Educational Technology, 19*(2), 241-259.

Hiltz, S. R. (1997). Impactos dos cursos de nível universitário através de redes de aprendizagem assíncronas: Alguns resultados preliminares. *Journal of Asynchronous Learning Networks, 1* (2). Recuperado em 18 de junho, 2009 de http://web.njit.edu/~hiltz/workingpapers/philly/philly.htm

Hiltz, S. R., & Turoff, M., (2002). What Makes Learning Networks Effective? (Versão eletrónica). *CACM,* 45(4), 56-59.

Hmelo-Silver, C. E., & Barrows, H. S. (2006). Objectivos e estratégias de um facilitador da aprendizagem baseada em problemas. (Versão eletrónica). *Interdisciplinary Journal of Problembased Learning, 1* (1), 21-39.

Hmelo-Silver, C.E. (2004). Aprendizagem baseada em problemas: O que e como é que os alunos aprendem? (Versão eletrónica). *Educational Psychology Review, 16*(3), 235-266.

Hohn, R. L. (2005). Learning. Em S.W. Lee (Ed.). *Encyclopedia of school psychology.* (1[st]ed., pp. 283-289). Califórnia: SagePublications.

Hooper, S. (1992). Aprendizagem cooperativa e instrução baseada em computador. (Versão eletrónica). *Educational Technology, Research, 24*(3), 307-333.

Hopperton, L. G. (1998). Conferência por computador e ensino universitário. *The College Quarterly, 5* (2). Recuperado em 15 de maio, 2008 de http://www.senecac.on.ca/quarterly/1998-vol05-num02-winter/hopperton.html.

Hu, M. (2004). *Ensinar Programação a Novatos com Linguagem Central e Visualização Dinâmica. Actas do NACCQ,* Christchurch, Nova Zelândia, 94-103. Recuperado em 6 de janeiro de 6, 2009 de http://citeseerx.ist.psu.edu/viewdoc/download?doi=10.1.1.78.5390&rep=repl&t ype=pdf

Huang, H. M. (2002). Toward constructivism for adult learners in online learning environments. (Versão eletrónica). *British Journal of Educational Technology, 33*(1), 27-37.

Huang, H. M., & Liaw, S. S. (2004). O quadro de criação de conhecimentos para ambientes de aprendizagem em linha. *Canadian Journal of Learning and Technology, 30*(1). Recuperado em junho de 5,

2009 de http://www.cjlt.ca/index.php/cjlt/article/viewArticle/119/113

Hubalovsky, S. & Milkova, E. (2010). Modelação de uma situação real como método de desenvolvimento do pensamento algorítmico. *WSEAS Transactions on Information Science and Applications, 7*(8), 68-72. Recuperado em 11 de junho, 2010 de http://www.wseas.us/e-library/conferences/2010/Tunisia/EDUTE/EDUTE- ll.pdf

Hung, D. (2001). Princípios de conceção para a aprendizagem baseada na Web: Implicações para o pensamento vygotskiano. (Versão eletrónica). *Tecnologia Educativa, 41* (3), 33-41.

Hung, D., & Nichani, M. (2001). Construtivismo e e-learning: Equilíbrio entre os níveis individual e social da cognição. (Versão eletrónica). *Tecnologia Educativa, 41*(2), 40-44.

Ikpeze, C. (2007). Colaboração em pequenos grupos no discurso eletrónico conduzido por pares: An analysis of group dynamics and interactions involving preservice and inservice teachers. *Journal of Technology and Teacher Education, 15*(3), 383-407.

Im, Y. & Lee, O. (2003). Pedagogical implication of online discussion for preservice teacher training (Implicações pedagógicas da discussão em linha para a formação inicial de professores). *Journal of Research of Technology in Education, 36*(2), 155-170.

Isaac, S., & Michael, W. B. (1990). *Handbook in Research and Evaluation.* Califórnia: Ed ITS Publishers.

Jenkins, T. (2002). Sobre a dificuldade de aprender a programar. *In Proceedings of 3rd Annual LTSN-ICS Conference*, (pp. 53-58). Universidade de Loughborough, Reino Unido. Recuperado em 11 de setembro de 11, 2010 de http://www.psy.gla.ac.uk/~steve/localed/jenkins.html

Johnson, G. M. (2006). CMC síncrona e assíncrona baseada em texto em contextos educativos: Uma revisão da investigação recente. *TechTrends. 50*(4), 46-53.

Johnson, R. T., & Johnson, D. W. (1986). Investigação-ação: Aprendizagem cooperativa na sala de aula de ciências. *Science and Children, 24*(2), 31-32.

Johnson, D.W., & Johnson, R. T. (1989). *Cooperation and competition: theory and research.* Edina, MN: Interaction.

Johnson, D. W., Johnson, R. T., & Holubec, E. J. (1998). *Cooperation in the classroom (Cooperação na sala de aula).* Boston: Allyn and Bacon.

Johnson, D. W., Johnson, R. T., & Smith, K. A. (1991). *Aprendizagem cooperativa: Increasing college faculty instructional productivity.* ASHE-ERIC Higher Education Report No. 4, Washington, D.C.: Escola de Educação e Desenvolvimento Humano, Universidade George Washington. Recuperado em 15 de abril de 2008, de http://www.eric.ed.gov/PDFS/ED343465.pdf

Johnson, D.W., Johnson, R.T., & Smith, K.A. (2007). O estado da aprendizagem cooperativa em contextos pós-secundários e profissionais. *Educational Psychology Review, 19* (1), 15-29.

Johnson, D. W., & Johnson, R. T. (2004a). Cooperation and the use of technology. Em D. H. Johansson (Ed.), (2nd ed.), *Handbook of research on educational communications and technology* (pp. 785-811). Mahwah, NJ: Lawrence Erlbaum Associates. Recuperado em 23 de setembro, 2008 de http://www.aect.org/edtech/30.pdf

Johnson, D.W., & Johnson, R.T. (2004b). *Avaliação de alunos em grupos: Promovendo a responsabilidade do grupo e a responsabilização individual.* Thousand Oaks, CA: Corwin Press.

Johnson, B., Lorenz, E., & Lundvall, B. (2002). Porquê toda esta confusão sobre conhecimento codificado e tácito? *Industrial and Corporate Change, 11*(2), 245-262.

Jonassen, D. H., Peck, K. L., & Wilson, B. G. (1999). *Learning with Technology: A Constructivist Perspective.*

Columbus, OH: Merrill Prentice Hall.

Kalman, Y. M. (2007). *Silêncio na comunicação baseada em texto mediada por computador: The invisible component.* Dissertação de doutoramento não publicada, Universidade de Hafia, Israel. Recuperado em 8 de março de 2009, de http://www.kalmans.com/YMKDissertation.pdf

Kalman, Y. M., & Rafaeli, S. (2007). Modulating synchronicity in computer-mediated communication. *Trabalho apresentado na reunião anual da Associação Internacional de Comunicação, TBA, São Francisco, CA Online.* Recuperado em 8 de março de 2009, de http://www.allacademic.com/meta/pl70694_index.html

Kanuka, H., & Anderson, T. (1998). Online social interchange, discord, and knowledge construction. *Journal of Distance Education, 13*(1), 57-74.

Kay, J., Barg, M., Fekete, A., Greening, T., Hollands, O., Kingston, J. H., & Crawford, K. (2000). Aprendizagem baseada em problemas para cursos básicos de informática. *Computer Science Education, 10*(2), 109-128.

Kearsley, G. (2000). *Educação em linha: Aprender e ensinar no ciberespaço.* Belmont, CA: Wadsworth Publishing.

Kerr, N. L., & Bruun, S. E. (1983). The dispensability of member effort and group motivation losses: free-rider effects. *Journal of Personality and Social Psychology, 44*(1), 78-94.

Khatoon, S., & Akhter, M. (2010). Uma estratégia inovadora de aprendizagem colaborativa em grupo para melhorar os resultados de aprendizagem dos alunos lentos. *Journal of Research and Reflections in Education, 4*(2), 142-160.

Khattab, N. (2002). Ethnicity and female labour market participation: a new look at the Palestinian enclave in Israel. *Trabalho, Emprego e Sociedade, 16*(1), 91-110.

Kim, K. J., & Bonk, C. J. (2006). O futuro do ensino e da aprendizagem em linha no ensino superior: The survey says... *Educause Quarterly, 29*(4), 22-30.

Kirschner, P. A. (2001). Utilização de ambientes electrónicos integrados para o ensino/aprendizagem em colaboração. *Research Dialogue in Learning and Instruction, 10* (1), 1-9.

Klein, D. A. (1998). *The strategic management of intellectual capital.* Woburn, MA: Butterworth-Heinemann. Recuperado da base de dados do Google Books.

Knowledge, (n.d.). In *Oxford English dictionary.* Recuperado em 25 de janeiro de 2010, de http://oxforddictionaries.com/

Koohang, A. (2009). A learner-centered model for blended learning design. *Revista Internacional de Inovação e Aprendizagem, 6*(1), 76-91.

Koohang, A., & Harman, K. (2005). Open source: Uma metáfora para o e-learning. *Informing Science: The International Journal of an Emerging Transdiscipline, 8*, 75-86 Obtido em 17 de maio de 2010, de http://inform.nu/Articles/Vol8/v8p075- 086Kooh.pdf

Koohang, A., Riley, L., & Smith, T. (2009). E-Learning e construtivismo: Da teoria à aplicação. *Revista Interdisciplinar de E-Learning e Objectos de Aprendizagem.* *5* (1), 91-108. Obtido em 8 de janeiro, 2011 de http://ijklo.org/Volume5/IJELLOv5p091-109Koohang655.pdf

Kreijns, K., Kirschner, P. A., & Jochems, W. (2003). Identificar as armadilhas das interações sociais em ambientes de aprendizagem colaborativa apoiados por computador: A review of the research. *Computers in Human Behaviors, 19*, 335-353. Recuperado em 21 de março de 2010, de http://collections.lib.uwm.edu/cipr/image/319.pdf

Kuhn, T. S. (1996). *A estrutura das revoluções científicas.* (3rd ed.). Chicago: The University of Chicago Press.

Recuperado da base de dados do Google Books.

Lail, V., & Lumb, R. (2010). Conceção, desenvolvimento e realização de cursos em linha com sucesso: Lessons from operations management and global leadership. *Indian Journal of Economics & Business, 9*(2), 377-384.

Larochelle, M., Bednarz, N., & Garrison, J. W. (Eds.). (1998). *Constructivism and education.* Cambridge: Cambridge Press.

Laurillard, D. (1995) Multimedia and the changing experience of the learner. *British Journal of Educational Technology 26*(3), 179-189.

Lee-Baldwin, J. (2005). Fóruns de discussão assíncronos: A closer lock at the structure, focus and group dynamics that facilitate reflective thinking. (Versão eletrónica) *Contemporary Issues in Technology and Teacher Education, 5*(1), 93-115.

Lee, Y. W., & Strong, D. M. (2004). Knowing-why about data processes and data quality. *Journal of Management Information Systems, 20*(3), 13-39.

Lehtinen, E., Hakkarainen, K., Lipponen, L. Rahikainen, M., & Muukkonen, H. (1999). Computer supported collaborative learning: A review. *Os Relatórios J.H.G.I. Giesbers sobre Educação, n.º 10.* Nijmegen: Universidade de Nijmegen. Obtido em 11 de agosto de 2010, de http://www.comlab.hut.fi/opetus/205/etatehtaval.pdf

Leonard, D. C. (2002). *Teorias de aprendizagem de A a Z.* Westport, CT: Greenwood Publishing. Recuperado da base de dados do Google Books.

Lim, C.P. & Tan, S.C. (2001). Online Discussion Boards for Focus Group Interviews: An Exploratory Study. *Journal of Educational Enquiry, 2*(1), 50-60.

Lin, Y., & Laffey, J. (2006). Explorando a relação entre as ferramentas de mediação e a perceção de interdependência dos alunos num ambiente CSCL. *Journal of Interactive Learning Research, 17* (4), 385-400.

Lin, J.M.-C., Li, Y.L., Ho, R.G., & Li, C.C. (2007). Efeitos da colaboração guiada no desempenho dos alunos do sexto ano em programação Logo. *Actas da 37.ª Conferência ASEE/IEEE Frontiers in Education .* Milwaukee, WI. Recuperado em 11 de maio de 2010, de http://www.fie-conference.org/fie2007/papers/1697.pdf

Lou, Y., & MacGregor, K. (2004). Melhorar a aprendizagem baseada em projectos através da colaboração em linha entre grupos. *Educational Research and Evaluation, 10*(4-6), 419-440.

Luo, D. (2005). Utilização do construtivismo como modelo de ensino da informática. *The China Papers,* 36-40. Recuperado em 21 de fevereiro, 2010 de http://sydney.edu.au/science/uniserve_science/pubs/china/vol5/CP5_itcs_02.pdf

MacDonell, W. (1992). O papel do professor na sala de aula de aprendizagem cooperativa. Em C. Kessler (Ed.), *Cooperative language learning: A teacher resource book.* (PP. 163-174). Englewood Cliffs, NJ: Prentice Hall.

MacKnight, C. B. (2000). Ensino do pensamento crítico através de discussões online. *Educause Quarterly, 4,* 38-41. Recuperado em 25 de maio, 2008, de http://net.educause.edu/ir/library/pdf/EQM0048.pdf

Mann, S. (2008). Os problemas da colaboração em linha para os alunos do ensino secundário: Poderá o Sistema de Gestão de Actividades de Aprendizagem (LAMS) ajudar os alunos a aprender através da aprendizagem em linha? Em L. Cameron & J. Dalziel (Eds.), *The 3rd International LAMS & Learning Design Conference 2008: Perspectivas sobre a conceção da aprendizagem* (pp. 81-86). 81-86). Revisto em 08 de agosto, 2010 de http://lams2008sydney.lamsfoundation.org/pdfs/04f.pdf

Markel, S. L. (2001). Fóruns de discussão em linha sobre tecnologia e educação: It's in the response. *Online Journal of Distance Learning Administration, 4*(2). Recuperado maio 15, 2008 de http://www.westga.edu/~distance/ojdla/summer42/markel42.hml

Martin, J., & Sugarman, J. (1999). *The psychology of human possibility and constraint.* Albany, NY: State University of New York Press.

Mason, R. (1998) Modelos de cursos em linha. (Versão eletrónica). *Revista Asynchronous Learning Networks. 2*(2).

Mazzolini, M., & Maddison, S. (2003). Sábio, guia ou fantasma? The effect of instructor intervention on student participation in online discussion forums. *Computadores e Educação*, 40(3), 237-253.

Mazzolini, M., Maddison, S. (2007). Quando entrar em ação: The role of the instructor in online discussion forums (O papel do professor nos fóruns de discussão em linha). *Computadores e Educação, 49*(2), 193-213.

McAlpine, I. (2000). Aprendizagem colaborativa em linha. (Versão eletrónica). *Educação a Distância, 21*(1), 66-80.

McDonald, J., & Gibson, C. C. (1998). Dinâmica interpessoal e desenvolvimento de grupo em conferência por computador. *The American Journal of Distance Education* 12 (1), 6-24.

McDougall, A., Boyle, M. (2004). Estratégias dos alunos para a aprendizagem da programação informática: Implicações para a pedagogia da informática. *Educação e Tecnologias da Informação*, 9(2), 109-116.

McDowell, C., Werner, L., Bullock, H. & Fernaid, J. (2002). Os efeitos da programação em pares no desempenho de um curso introdutório de programação. (Versão eletrónica). *Actas da Conferência do Grupo de Interesse Especial de Educadores de Informática* (pp. 38-42) Northern Kentucy: ACM Press.

McKinney D., & Denton, L.F. (2006). Desenvolver competências de colaboração no início do currículo de ciências da computação num ambiente de laboratório. *Simpósio Técnico sobre Educação em Ciências da Computação* *Educação em Ciência da Computação.* Revisto em 13 de junho, 2010 de http://www.cis.usouthal.edu/~mckinney/fp224-mckinney.pdf

Melzer, D. (1999). Construtivismo em linha: A survey of freshman writing distance learning courses. *Currents in Electronic Literacy*, Fall, no. 2. Recuperado em 20 de junho de 2009, de http://www.cwrl.utexas.edu/currents/fall99/melzer/Introduction.html

Mergendoller, J. R., Maxwell, N. L., & Bellisimo, Y. (2006). A eficácia da instrução baseada em problemas: Um estudo comparativo dos métodos de ensino e das caraterísticas dos alunos. *The Interdisciplinary Journal of Problem-basedLearing, 1*(2), 49-69.

Merriam, S. B., & Caffarella, R. S. (1999). *Learning in adulthood: Um guia completo.* (2ª ed.). São Francisco, CA: Jossey-Bass.

Milkova, E., & Turcani, M. (2006). Objectos digitais que apoiam o desenvolvimento do pensamento algorítmico. Em A. Mdndez-Vilas, A. Solano Martin, J.A. Mesa Gonzalez & J. Mesa Gonzalez (Eds.), *Current developments in technology-assisted education*, (pp. 376-380), Badajoz, Espanha: Formatex.

Mioduser, D., & Betzer, N. (2003). O contributo da aprendizagem baseada em projectos para a aquisição de conhecimentos e competências tecnológicas por parte de alunos com elevado desempenho. *International Journal of Technology and Design Education, 18*(1), 59-77.

Moisey, S. D., Hughes, J. A. (2008). Apoiar o aprendente em linha. Em T. Anderson (Ed.), *The theory and practice of online learning* (2ª ed., pp.419-440). AB: Athabasca University Press. Recuperado em 02 de março, 2009 de http://cde.athabascau.ca/online_book/

Monteith, M., & Smith, J. (2001) Aprender num campus virtual: As implicações pedagógicas das experiências dos estudantes. *Innovations in Education and Teaching International.* 38(2), 119-127.

Moore, M. G. (1989). Três tipos de interação. *American Journal of Distance Education, 3*(2), 1-6.

Morris, G. (2005). De baixo para cima: Um desenvolvimento profissional do tutor de pedagogia que apoia a aprendizagem baseada em problemas. *Conferência internacional sobre aprendizagem baseada em problemas, Lahti, Finlândia.* Obtido em 25 de junho, 2008 de http://www.lpt.fi/pblconference/full_papers/17_full_papers.htm

Moskal, B. M. (2000). Rubricas de avaliação: o quê, quando e como? *Avaliação prática, investigação e avaliação,* *7* (3). Obtido em 16 de março de 2010 de http://PAREonline.net/getvn.asp?v=7&n=3

Motteram, G. (2001). O papel da comunicação síncrona no ensino totalmente à distância. *Australian Journal of Educational Technology, 17*(2), 131-149.

Moursund, D. (2003). *Aprendizagem baseada em projectos: Utilização das tecnologias da informação.* Sociedade Internacional de Tecnologia na Educação. Eugene, Oregon: Washington, DC. Recuperado da base de dados Questia.

Muirhead, B., & Juwah, C. (2004). Interactivity in computer-mediated college and university education: Uma revisão recente da literatura. (Versão eletrónica). *Educational Technology & Society, 7*(1), 12-20.

Murphey, T. & Jacobs, G. (2000). Encorajar a autonomia crítica e colaborativa. *JALT Journal, 22*(2), 228-244.

http://www.kuis.ac.jp/~murphey-t/Tim_Murphey/Articles_-_Vygotsky_files/EncouragingCriticalCollaborativeAutonomy.pdf

Neef, D., Siesfeld, G. A., & Cefola, J. (1998). *The economic impact of knowledge.* Boston, Massachusetts: Butterworth-Heinemann.

Nonaka, I. (2002). Uma teoria dinâmica da criação de conhecimento organizacional. Em C.W. Choo & N. Bontis (Eds.), *The strategic management of intellectual capital and organizational knowledge,* (pp. 437-462). New York: Oxford University Press.

Norris, S.P., & Ennis, R.H. (1989). *Evaluating critical thinking.* Pacific Grove, CA: Critical Thinking Press & Software.

Oliver, R. & Omari, A. (1999). Utilização de tecnologias em linha para apoiar a aprendizagem baseada em problemas: Respostas e percepções dos alunos. (Versão eletrónica). *Australian Journal of Educational Technology, 15*(1), 58-79.

Palloff, R., & Pratt, K. (1999). *Construir comunidades de aprendizagem no ciberespaço: Estratégias eficazes para a sala de aula em linha.* São Francisco, CA: Jossey-Bass.

Palloff, R., & Pratt, K. (2007). *Construir comunidades de aprendizagem em linha: Estratégias eficazes para a sala de aula virtual.* Jossey-Bass Wiley. Recuperado da base de dados de livros do Google.

Peck, J. K., Peck, W., Sentz, J., & Zasa, R. (1998). As percepções dos alunos sobre a aprendizagem da literacia num currículo baseado em projectos. Em E. G. Sturtevant & J. Dugan (Eds.), *Literacia e comunidade. The twentieth yearbook: Uma publicação revista por pares da College Reading Association*, (pp. 94-100). Carrollton, GA: Beacon.

Penuel, W. R., Means, B., & Simkins, M. (2000). O desafio multimédia. (Versão eletrónica). *Teaching the Information Generation, 58*(2), 34-48.

Piaget, J. (1972). *The Principles of Genetic Epistemology.* Nova Iorque: Basic Books.

Pisutova-Gerber, K. & Malovicova, J. (2009). Critical and higher order thinking in online threadaded discussion in the Solvak context. *International Review of Research in Open and Distance Learning,* *10* (1). Obtido em 11 de fevereiro, 2011 from http://www.irrodl.org/index.php/irrodl/article/view/589/1174

Prasad, D. (2009). Empirical Study of Teaching Presence and Critical Thinking in Asynchronous Discussion Forums. *International Journal of Instructional Technology & Distance Education, 6*(11). Obtido em 11 de fevereiro de 2011, de http://www.itdl.org/Journal/Nov_09/article01.htm

Prasad, C. & Fielden, K. (2002). Introdução à programação: Uma abordagem equilibrada. *Actas da conferência NACCQ*, NZ, 101-108. Recuperado em 11 de maio de 2010, de http://www.naccq.ac.nz/conferences/2002/papers/prasadl01.pdf

Preece, J. (2000). *Comunidades em linha: Supporting sociability, designing usability.* Chichester, Reino Unido: Wiley.

Rau, W. & Heyl, B. S. (1990). Humanizando a sala de aula universitária: Collaborative learning and social organization among students. *Teaching Sociology, 18*(2), 141155.

Roberts, T. S. (Ed.) (2004). *Aprendizagem colaborativa em linha: Teoria e prática.* Hershey, PA: Information Science Publishing.

Roger, T., & Johnson, D. W. (1994). An overview of cooperative learning. Original publicado em J. Thousand, A. Villa & A. Nevin (Eds.), *Creativity and collaborative learning*, Baltimore: Brookes Press. Obtido em 10 de junho de 2008 em http://clearspecs.com/joomlal5/downloads/ClearSpecs69V01_Overview%20of %20Cooperative%20Learning.pdf

Romiszowski, A., & Mason, R. (2004). Computer-mediated communication. Em D. H. Jonassen (Ed.), *Handbook of research on educational communications and technology* (PP. 397-432). Mahwah, NJ: Lawrence Erlbaum. Recuperado em 19 de outubro de 2010, de http://www.aect.org/edtech/15.pdf

Roper, A. R. (2007). Como é que os alunos desenvolvem competências de aprendizagem em linha. *Educause Quarterly, 30*(1), 62-65. Recuperado em 11 de maio, 2010 de http://net.educause.edu/ir/library/pdf/EQM07110.pdf

Roschelle, J. (1995). Aprendizagem em ambientes interactivos: Conhecimento prévio e nova experiência. Em J. H. Falk & L. D. Dierking (Eds.), *Public institutions for personal learning* (pp. 37-51). Washington, DC: American Association ofMuseums.

Rose, R., & Smith, A. (2007). Discussões em linha. Em C., Cavanaugh & R., Blomeyer (Eds.), What works in k-12 online learning (pp. 143-160). Washington, D.C.: Sociedade Internacional de Tecnologia na Educação.

Rossman, M. H. (1999). Successful online teaching: Using an asynchronous learner discussion forum. *JALN, 3* (2), 91-97. Recuperado em 25 de maio de 2010, de http://general.utpb.edu/fac/keast_d/Tunebooks/pdf/Rossman%20Article.pdf

Rudestam, K. E. & Schoenholtz-Read, J. (Eds.) (2010). *Handbook of Online Learning.* Londres: Sage publications, 2nd edição. Recuperado da base de dados do Google Books.

Ruhleder, K., & Twidale, M. (2000). Aprendizagem reflexiva e colaborativa na Web: A partir da aula magistral. *First Monday, 5*(5). Obtido em 12 de novembro de http://firstmonday.org/htbin/cgiwrap/bin/ojs/index.php/fm/article/view/742/651

Sabau, I. (2005). Comunicação assíncrona eficaz em linha. Northern Illinois University. Recuperado em 07 de março de 2009, de http://breeze.ucalgary.ca/p52308523

Salomon, G. (1992). O que é que a conceção de um CSCL eficaz exige e como é que estudamos os seus efeitos?

ACM SIGCUE Outlook, 21(3), 62-68.

Salomon, G. (1993). *Cognições distribuídas: Psychological and educational considerations.* Cambridge, Reino Unido: Cambridge University Press. Recuperado da base de dados do Google Books.

Sanchez, R. (1997). Gestão do conhecimento articulado na concorrência baseada em competências. Em R. Sanchez, & A. Heene, (Eds.), *Strategic learning and knowledge management* (pp. 163-187). Chichester: John Wiley & Sons.

Savery, J.R. & Duffy, T.M. (1995). Aprendizagem baseada em problemas: An instructional model and its constructivist framework. *Educational Technology, 35*(5), 31-38.

Scardamalia, M., & Bereiter, C. (1994). Suporte informático para comunidades de construção de conhecimento. *The Journal of the Learning Sciences, 3(3),* 265-283.

Schneiderheinze, D. D. (2005). Modelo de currículo para e-learning: Diferenças em relação aos modelos curriculares tradicionais em sala de aula. *Online Journal for Workforce Education and Development, 1* (3). Obtido em 11 de setembro de 2010, de http://wed.siu.edu/Journal/volInum3/ELearningCurriculum.pdf

Schrage, M. (1990). *SharedMinds: The new technologies of collaboration.* Nova Iorque: Random House.

Schrum, L. & Hong, S. (2002). Dimensões e estratégias para o sucesso em linha: Vozes de educadores experientes. *Journal of Asynchronous Learning Networks, 6*(1), 57-67.

Schulz, B. (2003). Aprendizagem colaborativa num ambiente em linha: Será que funciona na formação de professores? In C. Crawford et al. (Eds.), *Proceedings of Society for Information Technology & Teacher Education International Conference*, (pp. 503-504). Chesapeake, VA: AACE.

Seddon, K., & Postlethwaite, K. (2007). Criação e teste de um modelo para tutores e participantes para apoiar a construção colaborativa de conhecimento online. (Versão eletrónica). *Tecnologia, Pedagogia e Educação, 16*(2), 177-198.

Sedgewick, R. (1992). *Algorithmen.* Bonn; Muenchen: Addison-Wesley.

Sendag, S., & Odabasi, H. (2009). Effects of an online problem based learning course on content knowledge acquisition and critical thinking skills (Efeitos de um curso em linha de aprendizagem baseada em problemas na aquisição de conhecimentos e competências de pensamento crítico). *Computer & Education 53*(1), 132-141.

Shavelson, R. J., Ruiz-Primo, M. A. & Wiley, E. W. (2005). Windows into the mind. *Ensino Superior, 49*(4), 413-430.

Shea, P., Fredericksen, E., Pickett, A., Pelz, W., & Swan, K. (2001). Medidas de eficácia da aprendizagem na Rede de Aprendizagem SUNY. Em J. Bourne & J. C. Moore (Eds.), *Online Education, Volume 2: Learning Effectiveness, Faculty Satisfaction, and Cost Effectiveness*, (pp. 31-54). Needham, MA: Sloan-Center for Online Education.

Shepherd, H. G. (1998). O método de sondagem: O efeito de um modelo de aprendizagem baseado em problemas nas competências de pensamento crítico dos alunos do quarto e quinto anos de estudos sociais. *Dissertation Abstracts International*, 59, 779A, North Carolina State University.

Sigelman, C. K., & Rider, E. A. (2008). *Life-Span Human Development (Desenvolvimento Humano ao Longo da Vida).* 6ª ed., CA. CA: Wadsworth Cengage Learning. Obtido em 20 de maio de 2010 na base de dados do Google Books.

Sims, R. (2003). Promessas de interatividade: Alinhar as percepções e expectativas dos alunos com estratégias para uma aprendizagem flexível e em linha. *Educação a Distância, 24*(1), 87-103.

Sims, R.R., & Sims, S.J. (1995). Melhoria da aprendizagem no ensino superior. Em R., Sims, & S., Sims (Eds.), *The importance of learning styles: understanding the implications for learning, course design, and education,* (pp. 1-24). Westport, Londres: Greenwood Press. Obtido em 09 de janeiro de 2011 na base de dados do Google Books

Slavin, R. E. (1995). *Cooperative learning: Theory, research, and practice* (2nd ed.). Boston, MA: Allyn and Bacon.

Smith, K. A. (1995). Aprendizagem cooperativa: Trabalho de equipa eficaz para salas de aula de engenharia. Recuperado em 17 de dezembro, 2009, de http√fie-conference.org/fie95/2b5/2b54/2b54.htm

Smith, M. K. (1999). Teoria da aprendizagem. *A enciclopédia da educação informal.* Recuperado em 10 de junho de 2008 de http://www.infed.org/biblio/b-learn.htm

Spatariu, A., Quinn, L. F., Harley, K. (2007). A review of research on factors that impact aspects of online discussion quality (Versão eletrónica). *TechTrends, 51(3),* 4448.

Stanley, E. D., & Waterman, M. A. (2003). LifeLines Online - currículo e estratégias de ensino para alunos adultos. Em T. M. Conney (Ed.), *Teaching science in the two- year college: Uma coleção de revistas da NSTA Press.* (pp. 103-109). Virginia: NSTA Press. Recuperado de Google Books

Steffe, L. P., & Gale, J. (Eds.). (1995). *Constructivism in education.* Mahwah, NJ: Erlbaum.

Stepien, W. J., Gallagher, S. A., & Workman, D. (1993). Aprendizagem baseada em problemas para salas de aula tradicionais e interdisciplinares. *Journal for the Education of the Gifted, 16*(4), 338-357.

Stiles, M. J. (2000). A aprendizagem efectiva e o ambiente virtual de aprendizagem. Em *EUNIS - Towards Virtual Universities.* Obtido em 10 de junho de 2008 em http://www.staffs.ac.uk/COSE/coselO/posnan.html

Stockdale, S. L., & Williams, R. L. (2004). Grupos de aprendizagem cooperativa a nível universitário: Differential effects on high, average, and low exam performers. *Journal of Behavioral Education, 13*(1), 37-50.

Sudweeks, F. (2003). Ligar os alunos ao trabalho de grupo. Em C. Constantinou & Z. Zacharia (Eds.), *Computer-based learning in science* (pp. 173-183). Nicósia, Chipre: Universidade de Chipre.

Swan, K. (2002). Construir comunidades de aprendizagem em cursos em linha: a importância da interação (Versão eletrónica). *Educação, Comunicação e Informação, 2*(1), 23-49.

Tallent-Runnels, M. K., Thomas, J. A., Lan, W. Y. Cooper, S., Ahem, T. C., Shaw, S. M., & Liu, X. (2006). Ensino de cursos online: A review of the research. *Review of Educational Research, 76*(1), 93-135.

Teague, D., & Roe, P. (2007). Aprender a programar: Going pair-shaped. *ITALICS, 6*(4), 4-22.

Teague, D., & Roe, P. (2008). Aprendizagem Colaborativa - para uma solução para programadores principiantes. (Versão Online). *Actas da Décima Conferência sobre Educação Informática da Australásia, 78*, 147-153.

Teles, L., Ashton, S., Roberts T. & Tzoneva, I. (2001). O papel do instrutor em ambientes colaborativos de e-learning. *TechKnowLogia 3(3),* 46-50, Recuperado em 13, 2009 de http://www.techknowlogia.org/TKL_Articles/PDF/279.pdf

Thomas, J.W. (2000). *A review of research on project-based learning.* San Rafael, CA: Fundação Autodesk. Recuperado em 13 de dezembro, 2009 de http://www.ri.net/middletown/mef/linksresources/documents/researchreviewPB L_070226.pdf

Thomas, M. J. W. (2002). Aprendizagem em estruturas incoerentes: O espaço dos fóruns de discussão em linha. *Journal of Computer Assisted Learning, 18*(3), 351-366.

Thomas L., Ratcliffe M., & Roberstson A. (2003): Code Warriors and Code-a-phobes: A Study in Attitude and Pair Programming. Actas do 34º Simpósio Técnico SIGCSE sobre Educação em Ciências da

Computação. SIGCSE'03. Ren Nevada. Boletim ACM SIGCSE, *35*(1), 363-367.

Thurlow, C., Lengel, L., & Tomic, A. (2004). *Comunicação mediada por computador: Social interaction and the Internet.* Londres: Sage Publication.

Trentin, G. (2000). A relação qualidade-interatividade no ensino à distância. *Tecnologia Educativa, 40*(1), 17-27.

Tretten, R. & Zachariou, P. (1995). *Aprender sobre a aprendizagem baseada em projectos: Avaliação da aprendizagem baseada em projectos nas escolas Tinkertech.* San Rafael, CA: The Autodesk Foundation.

Veerman, A. L. (2003). Discussão construtiva através do diálogo eletrónico. Em J. Andriessen, M. Baker, & D. Suthers (Eds.), *Arguing to learn: Confronting cognitions in computer-supported collaborative learning environments* (pp. 117-143). Boston, MA: Kluwer Academic.

Veerman, A. & Veldhuis-Diermanse, E. (2001). Aprendizagem colaborativa através da comunicação mediada por computador no ensino académico. Em *Euro CSCL 2001* (pp. 625-632). Maastricht: Instituto McLuhan, Universidade de Maastricht. http://edu.fss.uu.nl/medewerkers/gk/files/Stanford_CSCL99.PDF

Vonderwell, S. (2003). Uma análise das experiências de comunicação assíncrona e das perspectivas dos alunos num curso em linha: Um estudo de caso. *A Internet e o Ensino Superior, 6*(1), 77-90.

Vonderwell, S., Liang, X., & Aiderman, K. (2007). Discussões assíncronas e avaliação na aprendizagem em linha. (Versão eletrónica). *Journal of research on technology in education, 39*(3), 309-328.

Von Glasersfeld, E. (1989). Cognição, construção do conhecimento e ensino (Versão eletrónica). *Synthese, 80*(1), 121-140.

Von Glasersfeld, E. (1998). Porque é que o construtivismo deve ser radical. Em M. Larochelle, N. Bednarz, & J. Garrison (Eds.), *Constructivism and education*, (pp. 23-28). Cambridge: Cambridge University Press.

Vrasidas, C. (2000). Construtivismo versus objetivismo: Implicações para a interação, conceção de cursos e avaliação no ensino à distância. *International Journal of Educational Telecommunications, 6*(4), 339-362.

Vygotsky, L. S. *(1978). A mente na sociedade.* Cambridge: Harvard University Press.

Wallace, R. M. (2003). Aprendizagem em linha no ensino superior: A review of research on interactions among teachers and students. *Educação, Comunicação e Informação, 3*(2), 241-280.

Walls, C.M. (2005). Algumas estratégias para equilibrar economias de escala e interação em cursos de ensino em linha/distância. *E-Journal of Instructional Science and Technology (e-JIST) 8* (1). Recuperado em 11 de junho, 2009 de http://www.eric.ed.gov/PDFS/EJ850357.pdf

Wang, M., Pool, M., Harris, B., & Wangemann, P. (2001). Promoção de experiências de aprendizagem colaborativa em linha para adolescentes. *Education Media International, 38(4),* 203-215.

Woods, R. H., & Baker, J. D. (2004). Interação e imediatismo na aprendizagem em linha. *International Review of Research in Open and Distance Learning 5* (2). Recuperado em 02, 2009 de: http://www.irrodl.org/index.php/irrodl/article/view/186/268

Wozniak, H., & Silveira, S. (2004). Discussões online: Promover uma interação eficaz entre alunos. Em R. Atkinson, C. McBeath, D. Jonas-Dwyer & R. Phillips (Eds.), *Beyond the Comfort Zone: Proceedings of the 21st ASCILITE Conference,* (pp. 956-960) Retrieved Mai 15, 2008 de http://www.ascilite.org.au/conferences/perth04/procs/pdf/wozniak.pdf.

Wu, D. & Hiltz, S. (2004). Predicting learning from asynchronous online discussions . *Journal of Asynchronous Learning Networks, 8*(2), 139-152.

Xu, Y., & Liu, W. (2010). Uma abordagem de aprendizagem baseada em projectos: um estudo de caso na China *Asia Pacific Education Review, 11*(3), 363-370.

Yang, Y.T., Newby, T., & Bill, R. (2008). Facilitar as interações através de quadros de avisos estruturados baseados na Web: Um estudo quasi-experimental sobre a promoção das competências de pensamento crítico dos alunos. *Computadores e Educação 50*(4), 1572-1585. Recuperado em 15 de maio de 2008 de http√conf.ncku.edu.tw/research/articles/e/20080314/6.pdf

Zhang, K., Peng, S.W. & Hung, J.L. (2009). Aprendizagem colaborativa em linha num ambiente de aprendizagem baseado em projectos em Taiwan: Um estudo de caso sobre as perspectivas dos estudantes de licenciatura. *Educational Media International, 46*(2), 123-135.

Apêndices

Apêndice A: <u>Itens do questionário sobre o constructo *competências de colaboração* e a escala de medição</u>

Componente A: Interdependência positiva (8 afirmações)

1. Penso que, enquanto grupo, podemos aprender mais do que enquanto indivíduos.
2. Penso que, em conjunto, podemos gerar projectos melhores do que os que poderíamos ter feito individualmente. ×
3. A título individual, posso realizar melhores projectos do que em grupo. ×
4. Beneficiei do facto de trabalhar com outras pessoas neste fórum de discussão.
5. Penso que o meu sucesso no projeto do curso está relacionado apenas com o meu próprio trabalho.(R)
6. Penso que o sucesso do grupo depende das contribuições de cada membro do grupo.
7. Dei um contributo único para o esforço conjunto.
8. Senti que dependíamos uns dos outros enquanto trabalhávamos no projeto do curso.
9. Trabalhar com os outros neste fórum de discussão foi uma perda de tempo. (R)
10. 1 pensam que o meu sucesso no projeto do curso está também relacionado com os contributos dos outros.

Componente B: Responsabilidade individual (6 afirmações)

11. 1 Sentiu-se responsável pelos participantes no fórum de discussão.
12. 1 não se sentiu responsável pelo sucesso de cada participante no fórum de discussão.(R)
13. Não era importante para mim observar o trabalho dos outros participantes. (R)
14. 1 Senti-me responsável por terminar o meu trabalho a tempo.
15. 1 Senti-me responsável por concluir o meu trabalho da melhor forma possível.
16. 1 sentiram-se responsáveis por observar o trabalho dos outros participantes.

Componente C: Interação promocional (8 afirmações)

17. 1 partilharam com os outros participantes os materiais e as informações necessárias para o projeto.
18. Ajudámo-nos uns aos outros sempre que necessário durante o trabalho no projeto.
19. 1 encorajaram os outros pelos seus esforços.
20. 1 debateu os contributos dos outros participantes.
21. 1 Guardei para mim os materiais e as informações necessárias para o projeto. (R)

22. 1 tentou discutir com outros os conceitos que estava a aprender.
23. 1 tentou dar feedback útil aos outros.
24. Os participantes discutiram sempre as minhas contribuições.

Componente D: Competências sociais (9 afirmações)

25.1 sempre tentou encontrar formas de ajudar os outros.

26. As ideias e opiniões dos participantes sobre o projeto não foram interessantes para mim.(R)

27,1 não prestou atenção à compreensão dos outros participantes. (R) ×

28. De vez em quando, verifiquei a compreensão dos outros participantes sobre os materiais aprendidos.

29.1 ajudou outros a resolver problemas de grupo.

30.1 exigiu as ideias e opiniões dos participantes sobre o projeto.

31. Por vezes, tentei orientar o trabalho do grupo.

32.1 tentei elogiar as pessoas quando gostei de algo que elas fizeram.

33.1 Pedi desculpa aos outros quando fiz algo de errado.

34.1 foi a iniciativa de dividir as tarefas do projeto entre os participantes.

Componente E: Processamento em grupo (6 afirmações)

35. Tivemos discussões para especificar os objectivos do projeto.

36. Os participantes no fórum de discussão tentaram encontrar formas de resolver os problemas do grupo.

37. Discutimos a concretização dos objectivos do projeto do curso.

38. Os participantes no fórum de discussão deram feedback útil uns aos outros sobre o projeto do curso.

39. Monitorizámos o trabalho uns dos outros para garantir a elevada qualidade do projeto do curso.

40. Os participantes tentaram manter o fórum de discussão organizado. ×

41. A concretização dos objectivos do projeto de curso não foi discutida pelos participantes. (R)

R - escala inversa, × - item excluído após o teste-piloto.

Escala de medição:

1	2	3	4	5
Strongly Disagree	Somewhat Disagree	Neutral	Somewhat Agree	Strongly Agree

Apêndice B: Questionário sobre a participação em fóruns de discussão

Caros alunos,

Tem diante de si um questionário sobre a sua última experiência com os fóruns de discussão no curso em linha " ***construção de sítios Web***". Este questionário vai ajudar-me a recolher dados para a minha investigação sobre fóruns de discussão estruturados. Todos os dados que fornecer neste questionário serão utilizados apenas para fins de investigação e serão mantidos confidenciais. Note-se que as perguntas do questionário são dirigidas tanto a estudantes do sexo masculino como do sexo feminino; no entanto, todas as perguntas estão escritas na forma masculina, apenas para facilitar as coisas.

Responda a todas as perguntas deste questionário com atenção e honestidade.

Obrigado pela vossa colaboração. Desejo-vos um bom ano académico.

Com os melhores cumprimentos,
Moanes Tibi

Parte I; Antecedentes

Responda às seguintes perguntas, assinalando com um círculo a resposta correta (na pergunta número três, escreva um número que lhe seja adequado).

1 Género: **1.** Feminino **2.** Masculino

2 O seu ano académico: l.segundo ano 2.terceiro ano 3.quarto ano

3 Qual é o número de cursos totalmente em linha que frequentou anteriormente (antes deste semestre):

4 Tem ligação à Internet em casa? l.Sim 2.Não

5 Quantas horas aproximadamente utiliza a Internet durante a semana, fora da faculdade, para participar no fórum de discussão desta disciplina?

1. l-3horas **2.** 4-6horas **3.** mais de 6 horas

6 Ambiente de aprendizagem em linha: **1.** Moodle **2.** MofetNet

7 Últimos quatro dígitos da sua identificação: *****

Parte II;

Esta parte inclui afirmações sobre os fóruns de discussão neste curso em linha. Não há respostas certas ou erradas para cada pergunta, o que se deve aos diferentes pontos de vista dos participantes. Por favor, dê a sua opinião sobre cada uma das seguintes afirmações, assinalando com um círculo a melhor opção que descreve a sua concordância ou discordância em relação a cada frase. Para responder às perguntas abaixo, utilize a seguinte escala de classificação.

1=discordo totalmente, 2=discordo um pouco, 3=neutro, 4=concordo um pouco, 5=concordo totalmente.

Nota:

Se participou neste curso no grupo B, pode considerar todos os alunos que estão a participar no fórum de discussão como um grupo. No entanto, se participou no curso no grupo A, então pode considerar que todas as afirmações estão relacionadas com a sua pequena equipa.

Statement	strongly disagree	somewhat disagree	neutral	somewhat agree	strongly agree
I think that as a group we can learn more than learning as individuals.	1	2	3	4	5
I shared necessary materials and information for the project with other participants.	1	2	3	4	5
I felt responsible for the participants in the discussion forum.	1	2	3	4	5
I always tried to find ways to help others.	1	2	3	4	5
We had discussions in order to specify the goals of the project.	1	2	3	4	5
Participants' ideas and opinions regarding the project were not interesting for me.	1	2	3	4	5
We helped each other out whenever necessary while working on the project.	1	2	3	4	5
I didn't feel responsible for the success of each participant in the discussion forum.	1	2	3	4	5
From time to time, I checked for other participants' understanding of the learned materials.	1	2	3	4	5
The participants of the discussion forum tried to find ways in order to solve group problems.	1	2	3	4	5
It wasn't important for me to observe other participants' work.	1	2	3	4	5
I benefited from working with others in this discussion forum.	1	2	3	4	5
I encouraged others for their efforts.	1	2	3	4	5
I felt responsible to complete my work on time.	1	2	3	4	5
I helped others to solve group problems.	1	2	3	4	5
We discussed the achievement of the goals of the course project.	1	2	3	4	5
I think that my success in the course project is related only to my own work.	1	2	3	4	5
I think that the success of the group depends on the contributions of each group member.	1	2	3	4	5
I discussed other participants' contributions.	1	2	3	4	5
I felt responsible to complete my work on the best way possible.	1	2	3	4	5
I demanded participants' ideas and opinions regarding the project.	1	2	3	4	5

Statement	strongly disagree	somewhat disagree	neutral	somewhat agree	strongly agree
The participants of the discussion forum provided helpful feedback to each other regarding the course project.	1	2	3	4	5
I kept necessary materials and information for the project for myself	1	2	3	4	5
I made a unique contribution to the joint effort.	1	2	3	4	5
I tried to discuss concepts being learned with others.	1	2	3	4	5
I felt responsible to observe other participants' work.	1	2	3	4	5
Sometimes, I tried to give direction to group's work.	1	2	3	4	5
I tried to give others helpful feedback.	1	2	3	4	5
I tried to compliment people when I liked something they have done.	1	2	3	4	5
We monitored each other's work in order to ensure high quality of the course project.	1	2	3	4	5
I felt that we depended on each other while working on the course project.	1	2	3	4	5
Working with others in this discussion forum was a waste of time.	1	2	3	4	5
I apologized to others when I did something wrong.	1	2	3	4	5
The achievement of the goals of the course project was not discussed by the participants.	1	2	3	4	5
I was initiative in dividing tasks of the project among the participants.	1	2	3	4	5
I think that my success in the course project is also related to the contributions of others.	1	2	3	4	5
The participants always discussed my contributions.	1	2	3	4	5

Obrigado por ter preenchido este questionário.

More Books!
yes

MIX
Papier aus verantwortungsvollen Quellen
Paper from responsible sources
FSC® C105338

Printed by Books on Demand GmbH, Norderstedt / Germany